用對的方法
培育優秀孩子

原書名：天才養成計畫

總主編

陳光

前 言

　　在人類社會的發展過程中，曾經湧現出了無數的天才人物，他們在各自的領域中都建立起了足以楷模後世的豐碑，為人類的進步和社會的發展做出了卓越的貢獻。雖然，他們當中的很多人已經過世，但他們留給世人的財富卻是無窮無盡的，他們的名字或言論甚至代表著某一領域至高無上的權威。

　　天才是令人羨慕的，因為天才給整個人類帶來了更多的希望；天才是令人敬仰的，因為天才曾經為人類創造了無數的奇蹟；天才也是最為令人關注的，因為他們的成長經歷至今仍然成為人們爭論的焦點。

　　在這本書裡，主要探討的就是天才的培養之道，因為我們始終相信，任何一個天才的成長都離不開後天的培養。那麼什麼樣的人是可造之才呢？這個問題一直以來都是專家研究的有關熱門話題，也是很多家長普遍關注的焦點。其實，根據現有的研究成果和很多的案例可以證明，任何一個剛出生的孩子都可以視為天才來培養。這個結論也許會讓很多的家長感到驚喜和迷茫，驚喜的是自己的孩子也可能會成為天才，而迷茫的是自己到底要怎樣做才能把孩子培養成為天才呢？是的，一個天才的成長往往凝聚著父母無數的愛和心血，但是，父母的這些付出如果不講究一定的策略，那麼一個天才也往往會夭折在父母的手中，因此我們又

得出另外一個結論，天才的培養不但需要付出，更需要講究策略和方法。

　　一些望子成龍、望女成鳳心切的家長需要注意的是，我們要培養的是天才，而不是全才。事實上，這個世界上並沒有所謂的「全才」的存在，因為任何一個人既然有自己的天賦，也會有自己的缺點和短處，所以，千萬不要盯住自己孩子的缺點不放，如果真要那樣做的話，一個天才就真的會毀在你的手中了！

　　現在你需要做的就是靜下心來好好的閱讀這本書，因為這本書所介紹的天才培養之道都是很多專家的科學研究成果，而不是一家之言，相信你絕對會培養出出類拔萃的天才！

目　錄

第一章
相信你的孩子是天才

眾多的天才在講述他們成功的經驗時，沒有一個人認為他們
天生就是天才的，他們所描述的天才之路上都灑滿了汗水，
充滿了艱辛。可見，天才並不是天生的。科學研究證明，每
個人其實都有無限的潛能還沒有發揮出來，人的大腦中有140
億個神經細胞，可是我們大多數人所用到的只有十幾億個，
僅佔有腦細胞的8％左右，90％以上的神經細胞處在暫時靜止
或沉睡狀態。我們的孩子和那些被我們稱作天才的人物擁有
同樣多的神經細胞，所以我們有足夠的理由相信，每個剛出
生的孩子都是天才。

1 天才的概念

天才不是別的，而是辛勞和勤奮。

——威‧霍格思

　　天才就是天生之才嗎？抑或說一些人生下來就有著卓越的秉賦，而這秉賦就是使他們日後成為天才的動因嗎？100多年來，人類對天才之謎的探索從來沒有間斷過，尤其是現代生物科學的發展，更促使人們想從大腦的解剖研究中解開天才之謎，看看天才的大腦究竟與一般常人的大腦有無差異，如果有差異的話，這些差異又在哪裡？人們興致勃勃地渴望將來有一天能夠找出天才生理上的奧秘。

1、天才不等於天資

　　據統計，在人類文明的發展史中，真正有資格稱為天生稟賦的天才，還不足400人。而且，目前所有的研究結論都證明，絕大多數天才人物的大腦和普通人並無差別。著名的天才腦髓研究專家，罕塞曼博士曾對天才人物腦髓進行過詳細的研究，沒有看出絲毫的差異。另外，天才們的童年也跟一般的孩子毫無區別：牛

頓在19歲去倫敦康橋時，除了基本算術之外，成績平平；愛迪生到學校讀了三個月的書就被迫休學了。在他們潛心致力於他們的發明創造並取得成功之前，沒有人知道他們就是眞正的天才。

多年來一直致力於智力和特殊才能研究的英國心理學教授，麥可·侯威（Michael J.A. Howe）強調說，我們無法否認天才非常特別，但我們不能把這種特別完全歸因於一個人天生的秉賦。很多神童在長大之後並沒有成爲天才，可見天資並不是成爲天才的充分必要條件。

2、潛能、努力、成就

天才的涵義並不是一個人天生的秉賦。那麼，到底是什麼東西讓我們區分出一個人是天才或不是天才呢？

首先，天才意味著爲充分發揮天賦潛能所做的努力。科學實驗證明，一般人在一生當中只運用了大腦的很小的一部分，所以，能否更多地發揮天賦潛能就是一個人成爲天才或庸才的關鍵。牛頓在蘋果樹下的沉思，愛迪生在發明電燈之前所做的多次實驗……正是這些超出常人的努力使他們取得了超出常人的成就。其次，天才蘊含著對個人所取得的成就的肯定。歷史上像牛頓、愛因斯坦、梵谷、貝多芬等天才人物，他們都在自己的領域中取得了令人矚目的、甚至是劃時代意義的成就，而正是他們所

取得的成就使他們順利地走上了天才之路。

天才應該被我們讚賞，但我們所讚賞的，並不是他們的天資，而是認可他們在發揮自己的潛能方面所付出的不懈努力，更是讚佩那些努力的成果——天才們所取得的成就。我們這些為人父母者應當做的就是從天才們的成長經歷中總結出一些寶貴的經驗，應用到我們把孩子培養成天才的實際行動當中。

2 每個孩子都具備天才的潛質

任何人只要注意觀察和堅韌不拔，便會不知不覺地成為天才。

——布林沃・利頓

前面我們已經講過，天才就意味著充分發揮潛能和獲得創造性的成就。如此看來，這裡根本就不存在一個孩子是否是天才的問題，而只是這個孩子能否成為天才的問題。天才並不是天生的，而是靠後天的訓練和努力鑄就的。

1、「聰明」孩子與「笨」孩子

把孩子培養成為天才並不是一件遙不可及的事，也不只是少數孩子和家長的專利，能否成為天才，完全取決於孩子和家長的努力。事實上，孩子們的智力潛能是大體持平的，那為什麼有些孩子看起來更「聰明」些，而有些孩子看起來則更「笨」一些呢？原因很簡單，看起來「聰明」的孩子往往在智力上開發得比較早，智力發展也比較快，這就像有些孩子發育比較早，長得也比較高一樣。但是這並不意味著這些看起來比較「聰明」的孩子比「笨」的孩子更有希望成為天才。愛因斯坦小的時候就是一個

「笨」孩子，別的孩子花很少的時間就能完成的事情，而他卻要花上比別人多幾倍的時間。然而就是這個「笨」孩子日後卻成爲人類發展史上最傑出的科學家之一。事實上，只要教育方法得當，每個孩子都可以成爲天才，他們的機會是均等的。

2、父母的作用

根據生物、生理、精神病理學等的研究，已有大致相同的結論——人們生下來就具備一種特殊的能力，不過這種能力是隱藏著、潛伏著的。我們把這種潛在的能力稱之爲天分潛能。善於引發這種潛在能力是能否成爲天才的關鍵。

無論孩子具備了怎樣驚人的天分潛能，但他們到底還是小孩，無法爲自己制訂一個成長規劃。在這個時候，父母的作用就體現出來了。在教育實踐中，父母的責任是幫助天才兒童實現其天賦潛能。孩子的智力潛能是無限的，這就好比是一條有源頭的溪流。父母如果善於開發這種潛在的能力，就能將其引進天才的海洋。倘若父母不懂得引發，這條可貴的潛能之流就會枯竭。教育不得法，這種潛在的能力便無從發揮，這就是爲何天才極爲稀少的原因所在。由此可知，每個孩子都可以成爲天才，關鍵是能否得到正確的培養。

3 阻礙孩子成爲天才的因素

如果沒有勤奮，沒有機遇，沒有熱情的提攜者，人就是再有天才，
也只能默默無聞。

——小普林尼

　　把孩子培養成爲天才是每一位父母的心願，可是爲什麼有的
父母在對孩子的成長傾注了所有的心血之後，獲得的卻是失望
呢？在對孩子的培養過程當中，阻礙孩子成爲天才的因素是什麼
呢？

1、強迫孩子去實現大人的夢想

　　很多父母都忽視了這一點：孩子擁有只屬於自己的個體和生
命。並不是你把所有的精力都投注在孩子身上，你就有理由安排
孩子的一切，包括愛好和將來。有一個孩子酷愛音樂，小小年紀
就開始自己譜曲了，但是父母卻一心要把他送入明星大學，將來
好接著讀碩士、博士。他們認爲這條路才是最有前途的，而音樂
只能做爲消遣，不能成爲一個人值得爲之奉獻的事業。他們把自
己對前途和音樂的理解強加到孩子身上，燒毀了孩子譜製的所有

曲目，命令孩子只能把心思用在課業上。可是結果呢？不但孩子的音樂潛能沒有得到發掘，書也沒唸好。他的父母最後也終於明白不應該強迫孩子，扼殺了孩子的愛好，眞是後悔莫及呀！

2、無視孩子的獨特能力

有很多孩子具有非常獨特的能力，如繪畫、泥塑、音樂等，但是粗心的父母卻沒有留心到這些，他們認爲自己的孩子跟別人的孩子沒有任何區別，別人怎樣培養孩子，他們也怎樣來培養孩子，結果孩子的獨特能力沒有得到發揮，只是跟在別人的後面跑，去做那些不適合他的，或者是他在那些方面沒有任何優勢的事。長此以往，孩子就會產生自卑心理，認爲自己肯定比別人差，因爲別人能做好的事情自己卻總是做不好。一旦產生了這種自卑心理，後果是極其嚴重的。想要讓孩子遠離這種自卑心理，建立起自信來，就需要父母多多留心觀察孩子，使孩子擁有一個發揮自己獨特能力的空間。

4 天才需要培養

天賦僅給予一些種子，而不是既成的知識和德行。這些種子需要發展，而發展是必須藉助於教育和教養才能達到的。

——凱洛夫

每個孩子的心裡都有一顆天才的種子。為什麼有的孩子隨著年齡的增長可以讓天才的種子開花結果，而有的孩子雖然幼年時有神童之譽，但等年紀稍長之後，心中天才的種子卻日漸枯萎，與一般人再無差別了呢？是什麼因素造成了這兩種截然相反的結果呢？

1、天才是教育的結果

大量的研究證明，僅有天賦並不能保證一個人成為天才，能否成為天才最關鍵的因素其實是後天的培養。因此可以說，天才是教育的結果。《傷仲永》這個故事可謂家喻戶曉了，仲永五歲就能「指物作詩立就」，這樣的文采稟賦自然可以稱作神童了，但是，結果呢？由於其父錯誤的引導，使仲永的天賦才能磨滅殆盡，最終流於平庸。

可嘆，可惜！這就是父母不重視孩子的後天培養所造成的悲劇。不過，也有相反的例子，一位德國的牧師老卡爾·威特曾向大家介紹過他的兒子──小卡爾·威特的成長經歷。小卡爾出生於1800年7月，8、9歲時他已經能夠自由運用德語、法語、義大利語、拉丁語、英語和希臘語六國語言，也通曉化學、動物學、植物學和物理學，而他尤爲擅長的是數學；9歲時他考入萊比錫大學；10歲進入哥廷根大學，他於1812年冬天發表了關於螺旋線的論文，受到一些學者的好評；13歲他出版了《三角術》一書；1814年4月，他由於提供的數學論文卓而不群而被授予哲學博士學位。看到這些我們無疑會驚訝於小卡爾·威特所取得的成就，但是，更讓人驚訝甚至難以置信的是小卡爾·威特幼年時竟是個明顯先天不足，反應遲鈍，顯得極爲癡呆的孩子！顯然，小卡爾·威特的成就與天賦無關，那麼，到底是什麼在起作用呢？謎底就是老卡爾·威特所告訴我們的，是教育。

2、培養孩子要講求方式

那麼我們應該如何來培養孩子呢？很顯然，我們不能讓孩子放任自流，但是過分地限制和束縛孩子也會適得其反。最理想的培養方式就是我在後文中將要講述的「放風箏」的方式。如果我們把孩子比做風箏的話，那麼鼓勵就是春天的風，有了它，風箏才會飛得更高更遠；對孩子所做的引導就是我們手中的那根線，

在風箏飛上天空之前，它需要我們的指引。只有具備了這些條件風箏才能飛上藍天。

　　最後我要著重強調一下家庭環境對培養孩子的重要影響，這一點也是通常為大家所忽視的。父母是孩子的第一任老師，父母和家庭對孩子的影響常常是終生性的，這種影響在一定程度上塑造了孩子的性格，也決定了孩子的命運，所以，想要有個「好」孩子，請先給孩子一個「好」家。

第二章
賞識自己的孩子

我們說「認識」你的孩子，並不是指簡單地能把你的孩子和別的孩子區別開來，而是要瞭解孩子的個性與特點，還要能洞察到孩子的天賦潛能的傾向，也就是說要明白孩子在哪方面有著超常的優勢。我們說每個孩子都可以稱為天才，正是在孩子的天賦潛能的傾向裡埋藏著天才的種子。

只有瞭解到孩子的這些特點和優勢，才能對孩子進行有的放矢的教育，也就是我們通常所說的「因材施教」，讓孩子心中的那顆天才的種子生根發芽。而要「認識」孩子，就需要認真地傾聽孩子的聲音，和孩子進行有效的溝通。

1 洞察孩子的個性與特點

每個人的個性都有它自己的一套，理智也會被它牽著鼻子走。

——索爾‧貝婁

　　正如世界上沒有兩片相同的葉子一樣，世界上也沒有兩個相同的孩子，每個孩子都有著只屬於自己的個性與特點。

1、培養一個有「特點」的天才

　　孩子的「特點」正是他們日後成為天才的基石。他們的特點就是他們的與眾不同之處，也是他們的優勢所在，如果讓孩子自由地從自己的「特點」出發，他們就能順利地走上通往天才的道路。但是，在孩子年幼的時候，他們只知道自己喜歡什麼、不喜歡什麼，他們不懂得這個「喜歡與不喜歡」正體現了自己的個性與特點，更無從談起讓他們去發揚自己的個性與特點了。

　　這時候如果沒有一個可以充分發揮自己的特點的空間，等到他們年長之後，就會發現在不知不覺中他們個性的稜角已被磨平殆盡。所以，這就需要父母在孩子尚年幼時，就能洞察到孩子的個性與特點，並在他們的成長過程中有意識地加以引導。

2、觀察孩子在「玩」當中的表現

有的孩子喜歡把玩具拆開，然後自己再安裝起來，這樣的孩子往往有著不錯的動手能力，而且有很強的好奇心和創造力，他們不滿足於被給予一個「成品」，而是喜歡自己動手，去發現這個玩具的奧秘，並創造出一個「新」的玩具來。

中國大陸一個剛上小學五年級的孩子，就已經獲得了三項發明專利，當記者採訪他的父親時，他的父親介紹說：「當我發現孩子在玩的時候總喜歡把玩具一點一點地拆開時，我就知道他是個愛動腦筋的孩子，為了強化他這種愛動腦筋的特點，我就陸續給他買了更多的可以拆開的玩具，並告訴他一定要在拆玩具的時候留心是怎麼拆開的，否則就有可能組裝不起來。」喜歡拆玩具的孩子不在少數，然而能這樣留心觀察並悉心引導孩子的父母卻不多。

有的孩子喜歡跟他的玩具說話、講故事，這體現了孩子很強的語言表達能力和豐富的想像力。也有的孩子喜歡領著小夥伴們一起玩，並能勝任充當「領導人物」，這體現了孩子有著不錯的組織能力和領導能力。總之，要善於觀察孩子在「玩」當中的表現，才能更好地瞭解孩子的個性與特點。

2 瞭解孩子的天賦

孩子能做到的，比他想像的更多。

——法·諺語

正像樹有影子一樣，任何事物都有它的影像。從它們的影像中我們可以窺知事物的一些特點。

——法·巴爾扎克

　　天賦潛能是隱藏在每個孩子大腦內深不可測的能力，我們只能從孩子日常的認知行為中來推測、判斷這種能力，而不可能精確地掌握它。我們通常把孩子的這種日常認知行為稱為他的智力。

　　生物科技、心理科學和腦神經科學等的合作發展，剖析證實了每個孩子都是天生稟賦，歷史上的天才們與我們孩子的大腦容量和機制並無多少差異。在每個人的大腦裡都潛藏著取之不盡的能量，只要善於開發和利用，把孩子培養成天才就是一件指日可待的事。

1、神奇的大腦

　　人類的大腦由140億個細胞構成，幾十億細胞元中的每一個關聯細胞，都比今天最大的電腦程式強大和複雜許多倍，神經元細胞不同連接點的可能數目，也許比宇宙的原子數還多。人類大腦具有很強的自然功能，特別是在激發和發展人類本身的智慧和心靈力量上，具有無比的能量。人類大腦隨時間進化和發揮，這種無以計量的潛能，不是特意恩賜給少數幸運的天才人物，而是每一個人天生就帶來的，天賦寄寓於每個不同孩子的腦中。我們用在智力方面的腦細胞，經常活動和運用的，不過十多億個，還有90％～92％的神經細胞在沉睡，尚未得到開發和利用。想想看，如果我們能把還在沉睡的神經細胞喚醒的話，那將爆發出多大的能量！

2、「喚醒」沉睡中的巨人

　　孩子最終成為天才還是庸才，不取決於天賦的大小，關鍵決定於他所接受的教育。誠然，孩子的天賦是有差異的，但這種差異畢竟有限。別說那些生下來就具備非凡稟賦的孩子，即使僅具備一般稟賦的孩子，只要教育得法，也能成為非凡的人。由此看來，每個孩子都是一個沉睡中的巨人，只要他們大腦中的天賦潛能得到了很好的發揮，他們一定能做出令世人矚目的成績來。

神經生物學家艾得曼《腦細胞群的淘汰理論》中認為，每個人天生擁有龐大而自動化的基本神經系統，如果沒有去刺激，人的天賦潛能就不能得到有效的促發劑，用生物學的術語說，我們缺乏「激素」的化學生成反應，大腦自己再聰明，也無可奈何，無用武之地。其實，只要有意識地讓孩子多多地刺激大腦，把大腦內部許多不同部分的功能一起使用，來儲存記憶和重獲資訊，就可以使孩子打下成為天才的基礎。

每個孩子都擁有能量巨大的天賦潛能，孩子發揮天賦潛能的動力主要在於他自己，但是不當的教育方式會堵塞住孩子的天賦潛能，阻斷孩子的天才之路。父母們在這點上尤其要注意，正確的「喚醒」孩子的潛能的方式就是為孩子提供充實而能激發孩子潛能的經驗，同時敏銳地觀察孩子的愛好和興趣，回應孩子在興趣和能力上的指導，鼓勵孩子不斷地向前邁進。

3、智力是天賦潛能的外在表現

如果把智力比喻成一條小溪的話，天賦潛能就是含量豐富的地下水。我們只能透過流動在地面上的小溪來判斷蘊藏在地下的豐富的水資源。沒有地下的水資源就難以在地面上形成小溪，小溪與地下水之間有著某種內在的關聯。相對地，智力與潛能之間也存在著某種相對的機制，這種機制就是干預的力量，或者叫做刺激的力量。

對孩子來說，最主要的刺激力量就是學習。從腦神經運動的科學觀點來看，神經得到的刺激越多或越強烈，腦力運作的活躍性和功能也就越高，人也就會變得越聰明。研究證明，在兒童期如果得到最有效的干預和刺激，也就是說能掌握適當的學習方法並運用於學習的過程之中。內在的天賦潛能就會快速醞釀發酵，轉化為日常的智力力量，這種力量如果加以適當的利用，就會具有無限的可能。

4、智力的高低與潛能的多少

既然我們說智力是天賦潛能的外在表現，那麼我們能否根據孩子智力的高低來推斷潛能的多少呢？

首先我們需要來看一下如何判斷孩子智力的高低。智力是一種心理參數，僅靠觀察是無法獲悉的，因此就需要藉助一定的形式來對一個人的智力做出評判。為了教育的需要，一些心理學家設計出測量智力高低的評量方法，這就是今天仍然被廣泛使用著的「智力測驗」。心理學家把這些測驗結果做成一個標準分數，稱之為「智商」（Intelligence Quotient, IQ），它代表在一個特定智力測驗上的一個分數（平均值100，標準差為16）。對於智商的評比，我們可以參照下表：

智　　商	所佔同年齡的人數比	評量程度
140以上	1%	極優異
125～139	5%	優異
110～124	20%	良好，智力佳
95～109	48%	正常
80～94	23%	足夠，低於平均數
79以下	3%	欠缺

　　這份圖示反映的是智商的高低與所佔同年齡的人數比，以及根據智商所做出的評量程度，它從一個側面反映了智力的發展情況，但智商只是相對地反映了潛能發揮的程度，並不能絕對地反映潛能的多少。智力測驗的推行有助於我們瞭解孩子的智力發展程度，比較確切地反映出孩子在語言、邏輯等方面的潛能，但是它無法測量出孩子的創造力、想像力、直覺力、內省能力、人際能力和擴散性思維等。所以我們想要確切地推斷出孩子的天賦潛能，僅靠IQ測量是遠遠不夠的，還需要父母們在孩子的日常行為中多多地觀察、瞭解孩子。

3 與孩子溝通的技巧

溝通是一條道路，把你和別人連接起來。

——英·諺語

　　想要真正地認識、瞭解你的孩子，就必須與孩子進行溝通，但是很多父母都把溝通理解為詢問式的一問一答，這其實是一個典型的誤解。父母必須正確地掌握一些與孩子溝通的技巧才能實現有效的溝通。

1、與孩子平視

　　很多時候父母會發現自己根本不能理解孩子，這是為什麼呢？從下面的這個故事中我們就可以找到答案：一個人發現有個孩子正在聚精會神地蹲在路邊觀察螞蟻，便問：「小朋友，你在做什麼？」孩子揚起稚氣的小臉說：「我在聽螞蟻唱歌。」這個人聽了哈哈大笑說：「我可從來沒聽說過螞蟻會唱歌！」孩子不高興地回答：「你不蹲下來聽，怎麼知道螞蟻不會唱歌？」

　　有很多事情，如果我們不蹲下來與孩子平視，聽孩子說話，瞭解他們的想法，而是只用成人的眼光來看待孩子的世界，就怎

麼也理解不了。所以，做父母的就需要有變換角色的意識，拋棄自己的偏見，用孩子的眼光來看他們的世界，才能懂孩子，進而實現與孩子的溝通。

2、跟孩子商量

和孩子溝通最重要的管道就是——凡是跟孩子成長有關的事情都要跟孩子商量。

我曾在一本書裡讀到一個故事，從這個故事裡我們可以看出「跟孩子商量」在兩代人的關係中所起的重要作用。有一天，兒子剛回到家裡媽媽就告訴他：「今天我看到少年營開辦了一個吉他班，就給你報了名，從這個週末開始你就開始上課去吧！」兒子聽了之後一臉漠然：「我不想去。」媽媽看了兒子的反應後覺得很奇怪：「你不是一直都喜歡彈吉他嗎？怎麼會不想去上課呢？」兒子在回到自己的房間之前只留下了一個問句：「您事先跟我商量過嗎？」

如果父母不是自行決定，而是懂得先跟孩子商量一下，孩子就會覺得受到了大人的尊重，進而也使孩子懂得尊重別人，並學會用商量的辦法去對待父母和他人，這樣才能使家庭關係變得和諧，也更有利於孩子的成長。而且更重要的是，在與孩子商量的過程中，我們可以瞭解到孩子的真實想法，真切地「認識」自己的孩子。孩子擁有一個獨立的世界，這個世界蘊藏著極大的潛

能。潛能的開發，不僅要靠孩子個人的努力，也要靠父母對孩子
的尊重、賞識和肯定。

4 瞭解孩子的需求，傾聽孩子的聲音

會傾聽的人就掌握了溝通的最佳技巧。

——法・羅曼羅蘭

　　一位著名的心理學家認為，父母讓孩子透過語言把所有的感情——積極的和消極的——都表達出來，既是對孩子最大的保護，也是對孩子的一種認識方式。父母想要真正地瞭解孩子，知道孩子的真實想法，就要學會傾聽孩子的聲音。

1、與不同年齡層的孩子溝通的要點

　　0～1歲的孩子大多還不能很好地用語言表達自己的願望，他們更多地是用態度來傳達資訊，父母傾聽這個時期的孩子的方式就是眼、耳並用，要注意孩子的態度，多用非語言與孩子進行溝通，以好的心情和愛的滋養來滿足孩子的需求。

　　對1～3歲的孩子可採用反映式傾聽。有時，2、3歲的孩子想表達的意思已經較為複雜，父母不容易瞭解他的意思。此時，如果能採用反映式的傾聽，就能更好地瞭解孩子的意思。所謂「反映式的傾聽」，就是指父母要像一面鏡子那樣，把孩子說的話或表

達的意思接收過來，然後再反映回去。例如，孩子指著腦袋說：「我這裡痛！」父母可以這樣重複他的話：「你是說你的頭痛？」或者用自己理解的意思反映說：「你的意思是沒有睡飽覺，頭有點痛，對不對？」如此一來，一方面讓孩子感受到他已被瞭解，另一方面也幫助他學習更清楚地表達。

對3～6歲的孩子來說，他們的世界更大了，要對父母說的話也更多了。這個時候，父母就要對孩子說的話進行「有限度地選擇」，以便於掌握孩子哪些話表達了他的真實想法和需求。

6～10歲的孩子有一個特點，那就是父母說得越多，孩子聽得越少。6、7歲的孩子開始進入小學階段了，他們的生活世界加大，視野也隨之更開闊。父母會發現這時候的孩子變得更有自己的想法和感覺，而且越來越不喜歡聽父母嘮叨。因此，父母與其對孩子進行說教，不如使自己的傾聽技巧更加豐富和富於變化，父母不僅要敏感地觀察孩子的言行和舉止，還要以尊重和平等的態度來傾聽和理解孩子，站在孩子的角度理解他，與孩子進行更開放的溝通。

2、蹲下來傾聽

一位心理學家在幫一位母親解決與孩子之間發生的衝突時說過這樣的話：「父母和子女發生衝突，是在所難免的。身為長

者，應該讓孩子把意見申述完，要耐心地傾聽，如果不等孩子講完話，家長就主觀臆斷地下結論，必然會帶來一系列的消極後果，其中，孩子的叛逆心理將會表現得十分強烈。」每個人都盼望別人尊重自己，孩子也不例外。所以父母不應該站著命令孩子，而應該蹲下來傾聽孩子的聲音，這樣才能讓孩子覺得自己受到了尊重。

　　教育專家也認為，處於成長期的兒童，明辨是非的能力雖不是很強，但也有他們獨特的思維方式。他們每做一件事，都有其自己的理由和想法。有些家長總愛以成人的思維方式去評判孩子所做的一切，不給孩子解釋的機會，輕則呵斥，重則打罵。孩子因失去說話的權利或自己的話得不到父母的信任，只好將委屈和不滿埋在心裡，並因此產生與父母對抗的心理。如果父母可以蹲下來傾聽孩子內心的想法，就可消除兩代人之間的對抗，創造出一和諧的親子關係，進而也更有利於孩子的性格和智慧的培養。

5 學會因材施教

培育人和種花木一樣，首先要認識花木的特點，區別不同情況給予施肥、澆水和培育，這叫「因材施教」。

——陶行知

　　每個人的天賦都不盡相同，天賦可以有成千上萬種類型。只有掌握了孩子的天賦在哪方面有所偏重，才能制訂出適當的教育方法。

1、智慧可以分為不同的類型

　　美國哈佛大學教授嘉納（H. Gardner）認為單一的「智力測驗」難以全面地反映孩子的智慧發展情況。人的智慧不是單向性的，而是多元化的。我們在前面已經講過，「智力測驗」反映的是孩子在語言、邏輯等方面的潛能，但這只是智慧的一部分，而不是全部。在語言、邏輯方面表現一般的孩子，在別的方面說不定會有驚人的天賦。嘉納指出，每個人腦內的智慧，天生就各自側向單方智慧的特性，有些人（少數）可同時側向兩、三種智慧。學習上如果能順應他擅長的那個智慧形態去運作大腦思維，就會取得事半功倍之效。

　　每個人都有他自己的思維方式，自己所擅長的方面。例如有的人對音樂有特別敏感的聽覺能力，有的人具有非凡的視覺能力，有的人有出眾的繪圖能力，有的人有超群的綜合能力，還有的人有極快的反應速度、快速的數學運算素質，也有的人有牢固的記憶力、深刻感性的文學才能等，每個人所表現出來的能力偏向和表現方式都是截然不同的。當然如果我們硬要用數學、語文或人際之間的技巧能力來推斷一個有音感天賦的孩子就會得出一個不甚理想的結論，這樣就收不到理想的教育效果。

2、發展孩子所擅長的能力

　　人都擁有綜合智慧，父母在教育孩子方面容易出現的錯誤是，在培養孩子的綜合智慧方面不遺餘力，但是在培養孩子的擅長方面卻顯露出了不足。父母通常希望自己的孩子在各方面都很出色，但是實際情況是，喜歡文學的孩子，大多數就不喜歡數學，數學能力佳的孩子，大多數又不善於背誦歷史、地理。其實，最好的辦法就是先發展孩子擅長的方面，這也就是通常所說的因材施教，而不要一開始就逼迫孩子必須在他所不擅長的東西上面有所突破。等孩子在擅長部分遊刃有餘之後，他的長處已經轉化為了學習技巧，這個時候孩子就可以把已掌握的學習技巧用到別的方面去了。很多天才可以在多方面有所建樹，原因就在於此。所以，在兒童時期，在盡早的時候辨識出孩子的長處和不足

之處，以便在培養的過程當中施以適當的教育方法，這是相當重
要的。

第三章
開發孩子的智力

前面我們已經講過智力與天賦潛能之間的相對關係，所以要挖掘孩子的天賦潛能，就必須先開發孩子的智力。一個人的智力，尤其是孩子的智力並不總處於一個固定的狀態，它有一個生長和變化的過程。智力的開發也有個最佳時段的問題，研究證明，13歲之前是開發孩子智力的最佳時段，到13歲之後，智力就趨向於穩定，這個時候再來開發孩子的智力，就有點為時已晚，收效也就甚微了。如果孩子的智力在8歲前得到很好的開發和利用，就會呈現出增長趨勢，相反地，如果在孩子的成長過程中不注意對其智力進行開發和利用，智力就會呈現出毫無變化甚至是下降的趨勢。

1 瞭解孩子的智力

只有在知識的土壤中培育出來的智力才能茁壯成長。

——西塞羅

　　孩子的天賦潛能處於一個不斷被激化和挖掘的過程，這個過程常常表現為智力的開發和利用，所以為了更好地認識孩子的天賦潛能，我們首先來認識一下什麼是智力。

1、智力的涵義

　　智力是人的一種心理素質，關於智力的概念是國內外長期爭論的問題，至今沒有一個統一的認知。在我國較為流行的看法是，智力是各種認識能力的總和。它包括以下五個方面：智力的條件——注意力；智力的窗口——觀察力；智力的記憶體——記憶力；智力的翅膀——想像力；智力的中樞——思維力。具備以上五方面的能力之後，還要透過智力的轉換器——創造力，才能將智力的光芒放射出來；早期兒童還需要發展口頭語言表達能力，它是智力的基礎。陳光老師說：「人類因為發明了文字，統治了整個世界。語言的能力幾乎決定了一個孩子與世界溝通的能力。」

　　由於智力是一個人許多能力的總稱，因此在某一方面有特殊能力或專長不等於智力高，例如有的人記憶特別好，但邏輯思維差；有的人語言表達能力好，但想像力、實踐能力差，這只能說某人在某一方面發展不錯，不等於說他的智力高。只有智力的各個方面都得到發展，才能稱得上智力發展得好。

2、智力與知識

　　智育包括發展智力、掌握知識技能兩方面。單純灌輸知識，讓孩子機械地記憶，容易抑制孩子智力的發展，如果不從掌握知識技能和活動來發展智力，而從事單純的智力訓練，也不能收到理想的效果。因此，要發展智力，必須正確處理智力與知識的關係。智力是在掌握知識的過程中，形成和發展起來的。離開了掌握知識的過程，智力就成爲無源之水、無草之木。

　　智力和知識又截然不同。不能以掌握知識多少做爲衡量智力高低的標準。知識的掌握依賴於智力的發展水準。如 $35＋17＝$？有的孩子用（$35＋15$）$＋2＝52$來計算，有的孩子用數手指頭的辦法計算，有的孩子利用實物符號計算。雖然答案一樣，但智力大不相同。

　　智力的形成也比知識的掌握要慢得多，智力是先天和後天的結合，而知識技能完全是後天學習獲得的。智力發展有一定時間

限制，到一定時期就會停止。而知識的掌握是無限制的，智力發展停止了，知識還可在智力停止發展後不斷獲得，一個人從生到死的每個階段都可以稱為汲取知識的過程。另外，智力不能傳授，而知識是可以傳授的。

我們講智力與知識的區別和關聯主要是想提醒家長，想要開發孩子的智力就必須從讓孩子掌握知識方面入手，但是也要注意兩者之間的區分，不能根據孩子的知識掌握程度來衡量他的智力的高低。

2 訓練孩子的注意力

天才就是集中注意力。

——德·馬克思

　　保持良好的注意力，是大腦進行感知、記憶、思維等認識活動的基本條件。有位教育專家說：「注意力是學習的窗口，沒有它，知識的陽光就照射不進來。」對學生來說，注意力的好壞是至關重要的。有人做過這樣的實驗：被測試者在注意力高度集中時背課文，只需要讀9遍就能達到背誦的程度，而同樣難度的課文，在注意力不集中時，竟然讀了100遍才記住。可見，注意力與人的學習效率有著非常密切的關係。

1、天才與注意力

　　在很多有關科學家、思想家、藝術家等偉人的傳記、軼事中，我們隨處可以看到天才們的注意力高度集中的例子。牛頓做實驗時，把手錶當雞蛋煮；居禮夫人下課演算習題時，身旁被惡作劇的同學堆滿了凳子，竟絲毫沒有察覺；愛因斯坦在思考問題時，竟把和他一起乘車的小女孩忘記了；王羲之寫字入了迷，竟

把墨汁當蒜泥，用饅頭蘸著吃；愛因斯坦的一位朋友在為愛因斯坦作傳時談到：「他特別能集中注意力，我確信那是他成功的真正秘訣：他可以連續數小時，以我們大多數人一次只能堅持幾秒鐘的程度完全集中注意力。」……他們之所以能成為天才就是因為當他們沉浸在工作中時，常常忘記了時間、空間和環境，甚至忘記了自己身邊最熟悉的人和事。

中國著名數學家華羅庚也曾說過：「天才比常人能更高度地集中注意力。能長時間集中注意力勤奮工作的人，才可能成為天才。」華羅庚正是這樣一個能長時間地保持高度集中注意力的人。

看來，一個人想要成為天才，不光要有超常的毅力、耐性和不計代價的投入，更重要的是他是否具有長時間地高度集中注意力的能力。

2、如何訓練孩子的注意力

在訓練孩子集中注意力的能力方面，要引導孩子使其心理活動朝向某一事物，有選擇地接受某些資訊，而抑制其他活動和其他資訊，並集中全部的心理能量用於所指向的事物。下面給大家介紹一種在心理學中用來訓練注意力的小遊戲。在一張有25個小方格的表中，將1～25的數字打亂順序，填寫在裡面，然後以最快

的速度從1數到25，要邊讀邊指出，同時計時。研究證明：7～8歲兒童按順序找到每張圖表上的數字的時間是30～50秒，平均40～42秒；正常成年人看一張圖表的時間大約是25～30秒，有些人可以縮短到十幾秒。你可以為孩子多製作幾張這樣的訓練表，每天訓練一遍，相信孩子的注意力水準一定會逐步提高。

　　一個人集中注意力的能力既有生理原因，也有心理和社會原因。父母有責任，不僅應該讓孩子具備集中注意力的能力，而且應該營造出有利於孩子集中注意力的環境。

3 訓練孩子的觀察力

只有善於觀察的人才能發現別人發現不了的東西。

——德‧諺語

　　孩子眼睛好觀察力就一定很強？不一定。觀察力並不是如我們想像的那麼簡單。其實，它是在綜合了視覺能力、聽覺能力、觸覺和嗅覺能力、方位和距離知覺能力、圖形辨別能力、認識時間能力等多種能力基礎之上發展起來的。並且它也是形成智力的重要因素和智力發展的基礎。培養觀察力的過程就是要先非常仔細地去研究事物，然後透過感覺器官把接受到的資訊傳達到大腦，並在大腦中整理出來的過程。培養孩子的這項能力非常重要，一般父母可按照以下步驟來進行。

1、培養孩子的觀察興趣

　　年齡越小的孩子對外界事物越是感到好奇，什麼都想知道。孩子經常會透過自己的觀察向父母親提出各式各樣的問題，比如最簡單的：「這是什麼顏色呀？」這時，父母親就應該即時給予積極的回應，詳細解答孩子的疑問，以進一步激發孩子觀察的興

趣，而不是草草地應付或只是不耐煩地回答。

　　父母要有意識的引導孩子進行觀察。可以向孩子提出問題，如：「聽聽，這是什麼聲音？是什麼東西在叫啊？」並提議：「去看看。」像這樣去喚起孩子的好奇心，就能激發孩子的觀察興趣。對已經能認字的孩子來說，在帶孩子外出時可以和孩子比賽「認相同字」的遊戲。如先讓孩子認識「東」和「西」兩個字，在外出的路上，父母就可以鼓勵孩子在招牌或公車廣告上找這兩個字。這樣一來，不僅提高了孩子的觀察力，同時，孩子在這個過程中也體驗到了成就感，對學習也會產生興趣。

　　孩子只有對事物產生了興趣，才會用心觀察，並在觀察過程中逐步提高觀察能力。否則，他就會「視若不見」、「聽而不聞」。因此，家長應注意選擇一些新奇的、具有吸引力的事物做為觀察對象來激發、培養孩子的觀察興趣。

2、掌握觀察方法

　　孩子觀察事物常常是無目的地東瞧西看，所以父母首先應該讓孩子學會有目地的去觀察。在進行觀察前，父母要給孩子提出觀察的目的和要求，告訴孩子應該觀察什麼。但要注意觀察要求的提出要符合孩子的年齡特徵及孩子已有的知識經驗和能力。

　　父母應注意教會孩子從上到下、由外到內、從中間到四周、

從局部到整體、從概貌到細節，有順序地、系統地去觀察事物，並要求孩子把觀察到的簡單內容用語言表達出來。比如讓孩子觀察一朵花，可指導孩子先從整體看，花是什麼顏色，有幾個花瓣；再看花瓣是什麼形狀的，花蕊有什麼特點等。還可要求孩子把他的所見所聞用簡單的語言表達出來，對於稍大點的孩子可以讓他寫成觀察日記。

要指導孩子學習用多種感覺器官參與觀察活動，有效地提高孩子的觀察力。例如，讓孩子觀察香蕉，可先讓孩子把香蕉放在手上摸一摸，用鼻子去嗅嗅香蕉的香味，然後再把香蕉剝開，讓孩子看看果肉的顏色，再聞聞是什麼氣味，最後嚐嚐果肉的味道。

為了訓練孩子觀察的精確性和敏銳性，還要教孩子學習運用比較的方法觀察事物。比如，把兩種形狀相仿、顏色相仿的事物放在一起，或是把兩個相似的字放在一起，讓孩子找出它們的相同點和不同點。

經常性地引導孩子觀察周圍的世界，孩子的觀察能力就會越來越強，同時求知的欲望也會更加強烈。

4 增強孩子的記憶力

兒童們的記憶力最強，所以想像特別生動，因為想像不過是擴大的或複合的記憶。

——義・維柯

　　學習的最終歷程是記憶。記憶能力不只是人類賴以生存和發展的重要能力，也是成為天才必備的條件。換言之，記憶能力的開發是發揮每個人天賦潛能最重要的資源。邏輯記憶大師陳光說：「創意只是記憶的重新排列組合。」某師範大學教授也說：「記憶能力和學習能力是人類賴以生存的重要腦功能，記憶和學習能力的開發是人類自身潛能開發的重要組成部分。」現在的孩子已經處在與往昔大不相同的知識經濟時代，未來他們所要學的，所要懂的，以及需要除舊納新的知識，何其繁雜。所以提高孩子的記憶力就顯得尤為重要了。

1、記憶——大腦如何儲存資訊

　　神經科學家已提出在腦記憶上一些重大的發現，有助於提高孩子的記憶力。如果能瞭解大腦提取記憶的過程，就容易為孩子

整理出他在學習中強化記憶能力的竅門。腦神經科學家艾力克‧簡森將記憶過程界定爲「透過一種短暫的刺激，在大腦上產生持久性的轉變」。意思是說，記憶的過程就是將有意義的刺激資料儲存起來，轉化爲備用的知識庫。

大腦中並沒有一個可以儲存所有記憶的知識庫，各種記憶有著不同的儲存部位。每一個區域負責特定的記憶，例如聲音的記憶儲存在聽覺皮質中，對於空間記憶和其他如講話、閱讀的記憶儲存在顳葉中。不同而複雜的記憶系統，可以用來解釋爲什麼每個人善於記憶的事物類別都不同，例如有人對數字號碼唸幾次就記住，卻記不起同學的名字來。

依據艾力克‧簡森的說法，記憶容量大小不是由資訊數量決定的，資訊之間的關聯性的影響更爲重要。也就是說，資訊之間關聯性越強，人就可以對這些資訊記得多、記得清。

2、如何增強孩子的記憶力

在瞭解了大腦如何儲存資訊之後，我們就可根據記憶的過程和特點來有針對性地提高孩子的記憶力了。

第一種方法是讓孩子把接收到的資訊編成有情景的故事，這就可以充分利用資訊之間的關聯性達到提高記憶力的目的。例如，我們可以透過充滿圖畫和音效的故事讓孩子學習語言，將個

別僵硬乏味的語詞融入感性的故事中，比起死背一串不相關的名詞、動詞的傳統方法，有趣多了，又更容易記憶。

第二種方法是讓孩子帶著強烈的興趣去記憶。情感與人的記憶力和學習能力有莫大關係。情感（愉悅的情緒）在學習過程中非常重要，有趣更使孩子加強注意力，而注意力可以增進學習和記憶。神經科學家奈馬克說：「記憶一旦與帶有強烈情感的資訊相結合，就可以烙印在人腦上。」可見情感在增強記憶方面的重要作用。

以上這兩種方法是普遍適用的，父母還可以根據孩子的具體情況找出更適合增強孩子記憶力的方法。

5 激發孩子的想像力

想像力比知識更重要，因為知識是有限的，而想像力概括著世界的一切，推動著進步，並且是知識進化的泉源。嚴格地說，想像力是科學研究中的實在因素。

——美·愛因斯坦

想像力是影響每個人一生的重要能力，貝多芬、高斯、莫札特等傑出的天才人物無一不具有豐富的想像力。想像力需要從小培養，因為兒童時期是培養和激發想像力的最佳階段，只有在這個時候對孩子施加正確的引導，讓孩子充分發揮自己的想像潛能，才能讓孩子插上想像的翅膀，自由翱翔。孩子的想像力是成人所不及的，我們應該培養和不斷激發孩子的想像力，讓孩子們的思想獲得蓬勃的生命力。

1、給孩子留下想像的空間

只有在思想不被束縛的情況下，孩子的想像力才得以充分發揮。父母要鼓勵他們進行思考，闡明自己獨特的觀點。在兒童時期，學會去思考，去從不同的角度看待問題，去發揮自己的想像

遠比掌握一個正確的答案更重要。

　　幼年的孩子對這個世界充滿了好奇，他們往往會問出許多讓父母張口結舌的問題，例如：「為什麼天是藍色的？」、「小狗有尾巴，我為什麼沒長尾巴？」等等。在問這些問題的時候說明孩子在思考，在他們眼中一切都是那麼新鮮，都值得去畫一個問號。面對孩子的問題，父母可以不必給予正確答案，而是給孩子留下想像的空間，讓孩子自己去思考。兒童時期的想像和思考是分不開的，孩子思考的過程也正是想像的過程。

　　有一個孩子問他的媽媽，雨是怎麼形成的，媽媽讓他自己先觀察觀察，這個孩子發現每次下雨的時候天上都有雲彩，於是根據自己的觀察和想像，他寫了這樣一首充滿想像力的小詩：「雨滴是雲媽媽的孩子，媽媽派他來打聽地上的事。」你看，正是因為這個聰明的媽媽給孩子留下了足夠的想像空間，才會讓孩子的想像力得到昇華。

2、開拓孩子的想像力

　　給孩子留下想像的空間是讓孩子啟動腦筋、自主地去發揮他的想像潛能，從這方面來說，想像力的培養多多少少是孩子自我教育的過程。但是如果讓孩子多接觸豐富多彩、生動活潑的圖像，學習講故事，畫畫，用手、眼工作，也可以很好地開拓孩子

的想像力。

　　讓孩子多聽音樂也是一個不錯的開拓想像力的辦法。這個世界上，恐怕很難有什麼東西比音樂更抽象了，它只是一組聲音，轉瞬即逝；但音樂又是世界上內涵最豐富的東西，它可以抒發情感、描繪場景、敘述故事，它留給我們的想像空間是無邊無際的。所以，音樂對孩子想像能力的啓發是任何東西都無法比擬的。

　　在兒童階段有意識地去激發孩子的想像力，就可以讓孩子擁有一個更豐富、更美好的世界。而且想像潛能的開發也有利於孩子智力的發展，爲孩子成爲一個有創造性的天才打下良好的基礎。

6 培養孩子的思維能力

孩子提出的問題愈多，那麼他在童年早期認識周圍的東西也就愈多，在學校中愈聰明，眼睛愈明，記憶力愈敏銳。要培養自己孩子的智育，那你就得教會他思考。

——蘇霍姆林斯基

　　培養孩子的思維力是開發孩子智力的核心，孩子在思考中很自然地就會集中注意力，爲了找到問題的答案，他必然會仔細地去觀察，並會牢記這個問題的每一個環節，有時甚至會利用豐富的想像力，因爲很多時候問題的答案竟會完全在意料之外。思維力和創造力有著更爲牢固的關聯，沒有思考，就不會發現問題，不會有所突破，當然也就談不上有什麼創造了，所以必須要培養孩子學會思考、善於思考的能力，讓孩子在思考問題的過程中使綜合智力得到發展。

1、學與思

　　我國古代教育家孔子說：「學而不思則罔，思而不學則殆。」學與思要有效結合起來，在學習中就能不只浮在表面，而是要深

入鑽研，反覆思索，由表及裡，由此及彼，就能做到舉一反三。對孩子來說，他們掌握的知識是有限的，但是他們思考的範圍卻可以擴展到整個宇宙。在這方面父母要引導孩子多思索、多質疑、多發問，使他們從無疑中見疑，學會新知識；使他們從「理所當然」中發現「並非如此」，懂得新道理，以培養他們勤於思考、善於思索的好習慣，提高他們分析問題和解決問題的能力。

思考是為了更好地學習，而只有在學習的過程中，孩子才能開始從發現問題到解決問題的一系列思考，所以父母要有意識地加強孩子在學習中的思維能力。

2、如何培養孩子的思維能力

除了我們在上面講到的父母在孩子的學習過程中有意識地培養他的思維能力外，父母也可以利用其他與孩子相處的時間，去激發孩子的思維。曾有一個作家，他在他的孩子5、6歲的時候，每週末都會帶孩子到公園裡去看螞蟻、捉蝴蝶，帶孩子到郊外去採桑葉、觀察樹葉和花草的變化。在每一次活動中，他都會提一些容易引起孩子思考的問題，如：「蝴蝶是住在哪裡的？」、「春天的小草和秋天的小草有什麼不同？」啓發孩子動腦筋來思考回答問題。同時也啓發孩子自己提問題。這位父親巧妙地把注意力、觀察力和思維能力結合在一起，這對開發孩子的智力來說是一種非常有效的方法。

　　平時，父母還可以利用一切機會和孩子交談，透過交談來激發孩子的思考。在和孩子交談時，要盡量談一些有利於孩子獨立思考的問題，而不是代替孩子去思考。當孩子碰到問題時，父母可爲他提一些具體的建議，啓發孩子動腦筋想辦法自己去解決。另外，孩子喜歡玩遊戲，父母可以引導孩子進行各種創造性的智力遊戲，例如用積木搭出各種形狀的東西，讓孩子猜是什麼東西。和孩子一起編謎語，比如有一位媽媽要她的孩子編「腳」的謎語，經過討論後，結果編出了許多有關腳的謎語，如腳會走路、腳會踢足球、腳會跳舞等等。孩子覺得很有趣，思維也就很快活躍了起來。

7 發展孩子的創造力

我們發現了兒童有創造力，體認了兒童有創造力，就須進一步把兒童的創造力激發出來。

——陶行知

　　前面介紹的是智力的五種因素，只有具備了這五種能力之後，才能開出最美麗的智慧之花——創造力。大家有沒有想過一個問題：為什麼是達爾文創立了進化論，而不是很多同樣瞭解物種差異的其他生物學家；為什麼只有愛因斯坦能創造性地將時間與空間放在一起思考；為什麼弗萊明在看到培養皿中的黴菌時知道它是有用的發現。有人說這純屬偶然，其實一些看似偶然的事情背後隱藏著的是其必然的因素，從以上幾個實例我們可以總結出一個結論：達爾文、愛因斯坦、弗萊明的成功背後有一個共同的因素在起作用，那就是他們的「創新思維」。

1、創造力與知識

　　創造性思維的特點就是善於打破成規，發現別人看不到的東

西，發現別人想不到的事情。富有創造性就意味著不去進行重複的思考，不只按照以往的經驗進行分析，而是透過各種可能的嘗試，甚至是盲目的嘗試，在所有可能的方法中找到新的解決方案。創造性的天才之所以是天才，是因為他們知道怎樣去進行思考。

但是，創造力可以憑空產生嗎？如果沒有必備的知識做基礎，光知道怎樣去進行思考，這就如同讓巧婦去做無米之炊一樣難。因為，創意是記憶的重新排列組合。

中國在一次青少年科技館電子組舉辦的活動中。有一名同學嘗試用風箱控制電子手風琴音量的力度，這在當時的電子樂器音量力度控制方面是一個先例。原來這位同學聯想到水壓機大活塞雖然壓力強度小，但面積大因而壓力也大的原理，在電子手風琴的風箱上採用大面積的壓力傳感面，並且透過槓桿的放大作用，把壓力傳送到小小的感測器上，大大提高了感測器的靈敏度。試想，如果這位同學沒有相關的關於壓力、活塞、槓桿作用等物理知識，他能有上面的發明嗎？

所以，父母在培養孩子的創造力的同時，千萬不能忽視孩子對基礎知識的學習。

2、如何發展孩子的創造力

應該承認，每個孩子都有創造的潛能。這種潛能能不能被挖掘出來，主要和孩子在成長階段所受到的父母及老師的教育有關。你培養了孩子的創造力，他的潛力就會被啟動；你不培養他的創造力，孩子的創造性思維就會萎縮。那麼，我們又該採取什麼樣的教育方法來發展孩子的創造力呢？

首先，應該為孩子提供能夠發揮創造性的環境。為了使孩子能自由活動，盡情創造，父母要為孩子提供一個友好的、愉快的、有鼓勵性的、具有良好的心理學氣氛的環境。要尊重孩子、珍惜孩子的獨創性。父母要給孩子足夠的自由活動的時間、地點和進行各種活動的材料，這是促進孩子創造性的必要條件。因為孩子在遊戲中的試驗、實踐、發現問題的過程，正是他學會思考，發揮創造性的過程。

其次，應該鼓勵孩子和父母對一些事情展開討論，鼓勵孩子從不同的角度思考問題。不拘泥於簡單的模仿和唯一的答案，是發揮孩子想像力和創造力的重要條件。遺憾的是有些父母過多地讓孩子機械模仿和重複，久而久之，就會挫傷孩子的想像力和創造力。因此父母要鼓勵孩子不要找到一種可解決的方案就停下來，而要盡量列出所有可能的方法。在研究問題時，不僅要把相

關的事物連結起來，還要善於把各種看起來不相關的事物和想法
結合在一起。

第四章
用鼓勵增強孩子的自信

在孩子的智力得到開發的同時，父母們會發現孩子對很多事物都產生了興趣。此時孩子的天賦潛能已漸露端倪，這時候就需要父母根據長期以來對孩子的觀察和瞭解，用鼓勵的方法來增強孩子的自信，使他在自己擅長的方面能做得更好，要知道天才的種子往往就孕育在孩子的這些擅長裡面。

父母的態度對孩子來說是非常重要的，他們的鼓勵會激發孩子的自信，而他們的批評則會使孩子變得沮喪，所以父母一定要懂得對孩子進行適當的鼓勵，以讓他們變得更自信、更出色。但是當孩子的興趣與父母的期望不相符時，父母是否也能鼓勵孩子按照他自己的興趣去發展呢？帶著這些問題我們開始了這一章的內容。

1 用愛的語言鼓勵孩子

積極的鼓勵比消極的刺激來得好，但是鼓勵法也不可用得太濫，一濫恐失其效用。

——佚名

　　在孩子的興趣發展過程當中，鼓勵是至關重要的。試想，如果你的孩子很喜歡畫畫，而在他一開始畫畫的時候畫得並不好，這個時候你若對孩子說：「你看你都畫了些什麼東西？」孩子幼小的心靈就受到了打擊，也許他會因為你的這句話從此再也不拿畫筆了。那麼如何對孩子進行鼓勵呢？

1、孩子需要鼓勵

　　在孩子的心目中，父母的形象是高大的、無可替代的，因此，他們渴望得到父母的愛和支持，尤其是當他們做了什麼引以自豪的事情後，最希望得到的就是父母的鼓勵。有一個故事，一位詩人在他6歲的某一天下午寫了一首小詩，他覺得自己寫得棒極了，於是把那首小詩整整齊齊地抄寫在一張紙上，期待著父親儘快外出歸來看到他寫的那首小詩。可是令他失望至極的是父親看

了那首詩後居然不屑一顧地說：「寫的都是些什麼東西！」然後就放在了一邊，不再理會。這個6歲的孩子覺得自己都要傷心得死掉了，這時媽媽走過來輕輕地為他擦乾眼淚，並告訴他：「你的父親根本就不懂得怎樣才算是一首好詩，孩子，你完全不必在意他的看法。我覺得你寫得非常好，簡直就是個天才！」孩子得到母親的鼓勵後才破啼為笑，也正是因為母親的鼓勵，孩子才沒有放棄自己繼續寫詩的夢想。後來，這個孩子終於成為一位偉大的詩人。當然，父親所給予的打擊對孩子日後的成長也不是完全沒有作用的，這一點我們將在後面「不恰當的獎勵隱患無窮」一節裡進行進一步的闡釋。

2、愛的語言最有效

你知道在孩子幼小的心靈裡什麼東西是最重要的嗎？那就是父母的愛。

當孩子能用流利的口語和外籍教師交流時，當孩子畫出一幅不錯的畫時，當孩子能彈奏出一曲優美的曲子時，父母若能輕輕地撫摸孩子的腦袋，並充滿愛意地告訴他：「寶貝，你真棒，我為你感到驕傲！」孩子聽到父母的這些話後能體會到一種溫暖的、美好的感情，這種感情會沉積在孩子心裡，催生出一種力量，一種讓他做得更好的力量。

　　父母習慣在生活上照顧孩子，在學習上督促孩子，他們對孩子的愛可謂無微不至，但是卻不善於用愛的語言去鼓勵孩子。請記住，在教育孩子的過程中，在把孩子培養成天才的過程中，愛是一種不可忽視的力量。

2 父母的反應與孩子的行為

在孩子做壞事時，他會偷偷地察看父母的臉色。

——英·諺語

　　孩子最初的行為都是無意識的，最簡單的如哭和笑。慢慢地，有些行為引起了父母的注意，父母會根據自己的喜好對孩子的行為做出反應，而相對地，根據父母的反應，孩子又會調整自己的行為。

1、順向調整

　　我們可以大致地將孩子根據父母的反應所做的調整分為兩類：一是順向調整，也就是說如果父母對孩子的行為表示欣賞和滿意，孩子就會使自己的行為更加突出，以期得到父母更多的欣賞和注意；如果父母對孩子的行為表示厭惡和不滿，孩子就會停止這種行為。另一種是逆向調整。一般地，如果父母對孩子的行為表示欣賞和滿意，孩子通常不會故意不去這樣做。但是如果父母對孩子的行為表示厭惡和不滿，孩子卻會故意這樣做，這也就是所謂的叛逆心理。

　　習慣於做出順向調整的孩子通常比較聽話，也更容易進行管教。對這樣的孩子，父母只要對孩子在某方面的表現做出鼓勵和讚賞，就能收到很好的效果。比如，孩子彈鋼琴彈得很好，為了讓孩子在這方面有更進一步的發展，父母可以鼓勵他說：「你彈得真是棒極了，我相信不久以後你會彈得更好。」孩子受到父母鼓勵以後，增強了自己的信心，自然會做得更好。當然，只要是孩子就難免會有犯錯的時候，有的孩子在不知不覺中學會了說謊，甚至是偷竊，在這個時候，如果父母能即時做出反應，告訴孩子以後不許再這麼做，並對之進行機會教育，這對於那些習慣於做出順向調整的孩子來說是很有效的。

2、逆向調整

　　對習慣於做出逆向調整的孩子來說，問題就不這麼簡單了，這些孩子的一個共同的特點是，越是父母不容許他們去做的事，他們就越是想去做，他們喜歡和父母「唱反調」，通常表現出不聽話、任性、壞脾氣等特徵。一項統計顯示，6歲以前的孩子更多地對父母的反應做出順向調整，而6歲以後的孩子則更多地對父母的反應做出逆向調整。6歲以後的孩子逐漸有了建立獨立人格的願望，有了自我意識，他們不再喜歡聽命於父母，進而取悅父母，而是想按照自己的意願行事，但是這時候的孩子只是有了獨立的傾向，實際上心智還都處於未成熟的階段中，還不具備獨立的能

力，他們其實並不知道自己的意願到底是什麼，只是首先形成了一種模糊的認知：如果什麼事都聽父母的，我就只是個傀儡，所以我不想再聽父母的話，我要自己說了才算。

　　遇到這樣的孩子，父母通常是束手無策，其實孩子所不能接受的只是在父母的命令下喪失了「自我」。只要站在孩子的立場來看待這個問題，與孩子進行一場開誠佈公的交談，就很容易找到解決的辦法；只要父母能不再高高在上地命令孩子去做什麼，而是事先徵求孩子的意見，孩子就在有「特點」的天才之路上又邁進了一步。

3 孩子的天才潛能需要激發

對孩子來說，沒有任何力量比鼓勵更強大，也沒有任何氣質比自信
更可貴。

——蘇·高爾基

　　不管孩子對父母的反應是做出順向調整還是逆向調整，有一
點是可以肯定的，父母如果對孩子的行為表示讚賞和鼓勵，孩子
就會在這方面取得更大的進步。關鍵是有的父母不懂得如何利用
鼓勵這個辦法來使孩子輕鬆地向前邁進。

1、善於發現孩子的長處

　　父母在孩子身上傾注的越多，希望孩子取得的成就也就越
大。每個父母都希望自己的孩子在同年齡人中成為最優秀的，然
而，實際情況是，沒有一個人可以在各個方面都是最優秀的。很
多父母也瞭解這一點，但是總不自覺地把自己的孩子跟別人的孩
子比，這樣一比就會發現，孩子身上還有許多不足的地方。於是
父母就開始對孩子進行訓導：「你看某某家的孩子在上次數學競
賽中得了一等獎」，「某某家的孩子鋼琴都過了八級」等等，卻忽

略了自己的孩子上次在英語口語比賽中的出色表現。

天賦於每個孩子身上都有公平的潛能，只是潛能的類型不同而已。問題不是孩子身上沒有優點，讓父母覺得在培養孩子的過程中無從入手。而是父母不善於發現孩子的優點，卻偏偏喜歡拿自己孩子的不足之處去和別人孩子的優勢比，結果是父母牢騷滿腹，孩子的自信心也受到了嚴重打擊。所以，想要使你的孩子成為天才，就必須先擁有一雙發現天才的眼睛。

2、對孩子說：「你真棒！」

在觀察到孩子在某方面有特殊的才能後，要有意識地將孩子的興趣轉移到這方面來，當然，最有效的辦法就是鼓勵。

對於孩子出色的表現，做父母的不要吝嗇自己的表揚和鼓勵，一句簡單的：「你真棒！」就會使孩子覺得受到了父母的肯定，他會對自己更加充滿信心。父母的鼓勵換來的是孩子更出色的表現，是孩子充滿自信的回應：「我一定行！」教育孩子最重要的課題就是如何激勵孩子抱著高度的信心去做他喜歡做的事。

一位少年書法家的母親曾向大家介紹過她教育孩子的經驗：「我的孩子從小就喜歡書法，只是一開始的時候老是寫不好。有一次我看到他正面對著自己寫的一幅字發呆，我就問他在想什麼，孩子很委屈地對我說，『媽媽，為什麼我的字總不能讓人滿意

呢？』我拿出他一年前寫的一幅字來讓他自己進行比較，看看現在是不是比以前進步了許多。孩子也驚喜地發現，現在的字確實比一年前的字有了很大的長進，這時我趁機告訴他，『孩子，其實你已經很棒了，因為你一直在進步著，只要繼續下去你一定會寫出讓自己都覺得滿意的字的。』孩子聽了我的話後不再對著字發呆了，而是拿起了毛筆，開始去寫下一幅字。我知道孩子是用行動告訴我，他一定行。」父母們如果都能向這位母親學習，相信每個孩子都可以滿懷信心地對自己說：「我一定行。」

尊重孩子的興趣和愛好

母親應該明白，孩子自出生之日起，就已經脫離了母親的掌控。

——義‧諺語

　　我們在前面強調了父母要善於發現孩子的長處，孩子的長處也往往是他的興趣所在，他越是在某方面感覺遊刃有餘，就越是喜歡做這件事，越是想取得更大的進步，因此也越對此感興趣。問題是，有些父母雖然能準確地掌握到孩子的興趣，但是卻想盡一切辦法來扼殺孩子的興趣，為什麼呢？只因為父母對孩子另有期望。

1、孩子的愛好需要尊重

　　我們在第一章中已經講過，強迫孩子去實現大人的夢想，是阻礙孩子成為天才的重要因素之一。孩子主要的學習動力在於自己，孩子的路說到底還是要由孩子自己去走完的，父母所能做的就是透過瞭解孩子的天分潛能，激勵他的學習動機，鼓勵他、協助他，在這一方面再也沒有比父母更好的後盾了，因此父母在孩子能否成為天才的過程中起著無可替代的作用。但是父母也不可

將自己的推動作用誇大為可以專制地為孩子制訂人生的方向。

尼克斯教授研究指出，家長以專制的態度來教育孩子，容易對孩子的獨立性和創造力造成負面影響。專制性地壓迫孩子，使孩子傾向於遵從而不敢逾越，而抑制了孩子的創造力。只有讓孩子自主發展自己的愛好，盡情去施行自己的想法，做自己想做的事，孩子的唯命是從的意識才能減弱，獨立意識才能得到強化，自我學習的能力才能得到提高，創造力才得以醞釀而溢出。

2、學會「欣賞」孩子的興趣

父母應該明白，要把孩子培養成天才，就必須依照孩子在天賦潛能中擅長的方向去引導和推進孩子的成長，在孩子的成長過程中，興趣是第一位的。當父母的期望與孩子的興趣不符時，父母必須做出讓步，按照孩子自己的興趣去規劃他未來的發展方向。不僅如此，父母還應該學會「欣賞」孩子的興趣，因為只有這樣，你才能真正瞭解孩子，瞭解他所感興趣的事，也可以在將孩子培養成天才的過程中扮演更積極主動的角色。

學會「欣賞」孩子的興趣，最主要的就是要試著去融入孩子所感興趣的事情中，也就是試著對孩子感興趣的事產生興趣。有一位父親是一位著名的畫家，他原本希望兒子將來能子承父業，但兒子偏偏不喜歡畫畫，而喜歡彈鋼琴。一開始父親非常反對，

但後來為了兒子自己的前途，父親也只好放棄了自己的想法。一次偶然的機會他正在為構思一幅畫而絞盡腦汁時，客廳裡傳來的兒子的琴聲給了他靈感，他立即舖紙研墨，成就了一幅好畫。從此以後，父親開始理解了兒子，也漸漸地對鋼琴產生了興趣，竟要求兒子教自己學鋼琴呢！看來，父母的期望與孩子的興趣不符時，父母沒有必要感到惋惜，說不定你也會喜歡上孩子喜歡的東西呢！

5 獎勵孩子的技巧

獎勵是一種使人更加奮進的辦法，但若使用不當則會留下後患。

——戴布勞格利

我們在前面主要闡明了對孩子進行鼓勵的重要性，但是鼓勵也是要講究方式和方法的，不恰當的鼓勵反而有害無益，所以當對孩子進行獎勵時，要切記「恰當」二字。

1、物質獎勵的方法只是過程

很多父母都有這樣的經驗，為了鼓勵孩子在某方面能做得更好，就承諾給他一些物質獎賞。例如，在臨考前對孩子說：「如果你這次能考第一名的話，我就會給你買你最喜歡的那輛玩具車。」這個方法通常是很有效的，結果是孩子果然取得了進步，得到了他想要的東西，父母實現了寄託在孩子身上的願望。

這看起來似乎是一件皆大歡喜的事，可是事實上後果是非常嚴重的，這樣一來，孩子努力的目的就不再是為了自己的興趣與愛好，而是為了某種可以看得見、摸得著的物質的東西，吸引孩

子的也不再是內心追求的渴望而是外在的事物。他努力去做的事情已不再是目的，而是得到某種東西的工具。

而且，這種方法所起的效果也只是短暫的，當孩子對父母所承諾的東西不再感興趣，或者說父母已沒有能力提供孩子他所想要的東西時，孩子就會放棄一切努力。可見，想要用物質鼓勵的方法使孩子能夠更上一層樓，不但不能如願，結果還會適得其反。

2、獎勵要適度

要對孩子進行正確的獎賞就要懂得不能無論孩子做了什麼都對孩子進行獎賞，也不能無論孩子做得好壞都對他進行表揚。

在這一章的「用愛的語言鼓勵孩子」這一節裡，我們談到了那個孩子的父親並沒有對他6歲的孩子所寫的詩進行表揚或獎賞，而且這對孩子日後成為一位偉大的詩人起了非常重要的作用，在這裡我們來細究一下這其中的道理。

試想如果當初詩人的父母都對他寫的詩表示驚嘆的話，孩子很可能會因此而驕傲，甚至認為自己就是個天生的詩人，因此放棄了後天的努力，以致於最終一事無成。

這位詩人在成名之後也曾回憶道：「如果不是母親的鼓勵，我想我不會有信心再寫哪怕是一首詩；但是如果不是父親的批

評，我也不會對自己有一個更清醒、客觀的認識，正是父親的批
評使我告誡自己，我並不是什麼天才，想要成功，只能靠自己的
不懈努力。」

　　如果一味地對孩子進行表揚，孩子就會覺得獲得表揚是一件
輕而易舉的事情，因此便不再珍惜父母的表揚，也不再去付出更
大的努力以再次獲得父母的表揚。所以，父母想要使孩子充滿信
心地走上天才之路，不但要學會鼓勵孩子，還要學會如何掌握鼓
勵的分寸。

6 給孩子插上自信的翅膀

勝利終將屬於那些相信自己能夠成功的人。

——理查德·巴赫

　　對孩子進行適當的鼓勵不但可以喚起孩子的興趣，還可以使孩子更加自信。自信在孩子的成長過程中是一個非常重要的因素，父母想要把孩子培養成天才，就必須讓孩子擁有自信，只有插上自信的翅膀才能送孩子飛上天才的高空。

1、自信也需要培養

　　自信並不是天生的，而是後天養成的一種氣質。沒有人天生就對自己有十足的自信，也沒有人天生就有自卑心理。無數的心理實驗研究證明，幼年時能否得到別人的，尤其是父母的認可是孩子是否擁有自信的關鍵因素。所以，父母要十分注意，在培養孩子的過程中千萬不能有打擊孩子信心的行為，否則孩子就會像斷了翅膀的小鳥，飛不高也飛不遠了。

　　如何培養孩子的自信呢？一方面要善於發現孩子的優點並能適當地鼓勵孩子，這樣孩子就能因為得到父母的認可而增強自信

心，對於這一點我們在前面已經做了足夠的闡述。另一方面就是要讓孩子在成長中逐步建立起自信來，這是在培養孩子自信心過程中最重要的一環。依靠父母的反應（主要是鼓勵）而建立起來的自信很可能因為別人的批評，例如來自老師或同學的批評而毀於一旦，而孩子在成長中由自己建立起來的自信則會伴隨孩子的一生。這種由內因產生的自信主要來自孩子對自己的行為的評判。

2、珍視孩子對自己的認可

綜觀古今中外的天才，無不對自己所從事的事業有著深深的自信，這追根究底是緣於他們對自己的行為有著積極的評判。

牛頓在19歲去倫敦康橋時，除了基本算術之外，成績平平。但是牛頓自信地認為儘管自己在別的方面都比較普通，但自己在算術方面的潛力就足以證明自己並不比別人差。因此他更加致力

於對算術的研習，上大學之後他又迷上了物理學，正是在物理學方面他成就了自己，也爲物理學的發展做出了巨大的貢獻。正是在少年時代對算術的悉心鑽研，才爲牛頓日後在物理學上的成就奠定了基礎。試想，如果牛頓當初因爲自己總體上成績平平而自卑的話，就不可能義無反顧地投身於科學的創造中。

愛因斯坦小時候也並不是個聰明的孩子，而且看起來有些孤僻和緘默，在學校裡也不受老師喜歡，但是他並不在意外界怎樣評價自己，而是著迷於數學，完全按自己的興趣進行自我學習。原來，科學家們爲事業積極獻身的動力的一部分正是來自於他們對自己的認可。

如果你的孩子認爲自己在某方面很有潛力的話，即使你並不贊同孩子的看法，也請不要打擊和傷害孩子的自信，要知道孩子的這種自信是多麼的可貴。正是這種自信才能讓孩子在未來的路上堅持自己的信仰，成就出一番讓別人看起來不太可能的事業。

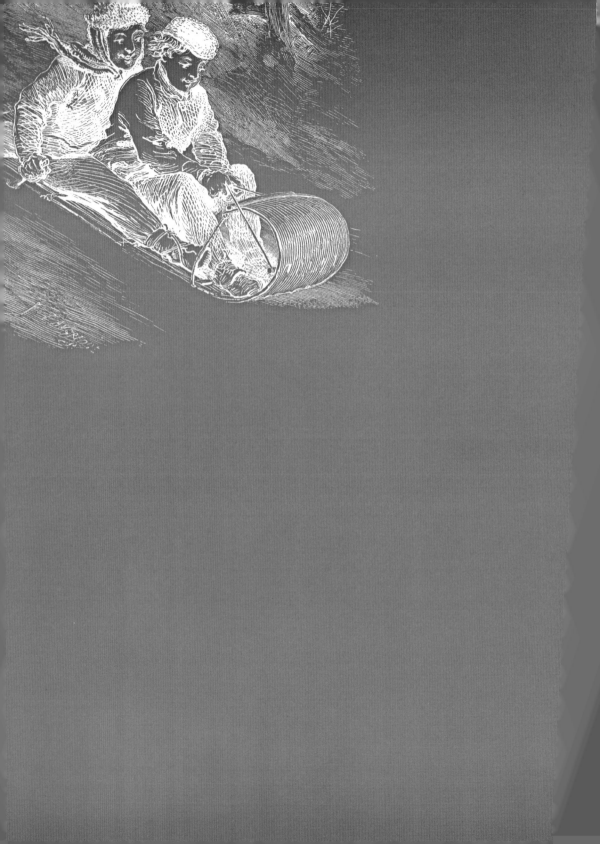

第五章
正確引導與自主發展

成就天才的動力主要是來自於孩子自身，但是如果沒有父母的正確引導，這種動力很可能就會因為方向的分散而不能形成一股足夠強大的力量。

有一位教育家曾經講過一段話：「孩子就如同一株小樹苗，想要讓它長成參天大樹，就必須保證它能筆直地向上生長，所以在樹苗小的時候要在它的周圍圍上圍欄，防止它被風吹倒或者吹歪。另外還要經常進行修剪，以防止小樹把能量都用在旁枝斜杈上，因為這樣就必然會影響樹幹的生長。」

我們可以把「圍圍欄」、「修剪」等行為看做是對孩子的一種引導，在孩子的成長過程中對其進行引導是非常必要的，但是也要注意時效問題，等「小樹」長大了，不需要「圍欄」就可以筆直地向上生長的時候，旁逸的「樹杈」已不足以影響「樹幹」的生長的時候，就要即時地把「圍欄」拆掉，也不必再時時考慮小樹是否需要「修剪」，否則也會影響「小樹」的發展。

1 引導的必要和時效

任何措施都只在一定的時間內、一定的條件下才能起作用。

——克雷洛夫

　　一位心理學家曾做過這樣的比喻，孩子在自我意識還比較弱的時候，就像是一塊橡膠泥，這個時候就需要父母首先辨別出孩子的天賦潛能，也就是辨識出這塊「橡膠泥」的材料和基質，然後因材施教，將孩子朝他最適合的方向去塑造。在這個「塑造」的過程中，首要的就是引導。

1、引導的必要

　　為什麼說引導在「塑造」孩子的過程中居於首要的地位呢？首先，我們強調說，引導作用主要體現在孩子的自我意識尚未形成之前，這時候的孩子還不能對自己的未來做出什麼規劃，所以只有靠父母來對其進行協助。如果這個時候父母不對孩子做出正確的引導，等孩子的自我意識已經建立起來之後，它們的可塑性已經所剩無幾了，留給他們的最大的可能性就是墮入瑣碎和平庸之中。

其次，學習可以根據年齡的不同收到不同的效果。例如，2～3歲是學習口頭語言的關鍵年齡，這個時候讓孩子訓練計數能力（口頭數數、按物點數、說出總數）也能收到良好的效果。2～3歲是學習如何「遵守規矩」的關鍵年齡。3～5歲是學習音樂的關鍵年齡。3～8歲是學習外語的關鍵年齡。4～5歲是學習書面語言的關鍵年齡，也是學習辨認圖像的關鍵年齡。5～6歲是學習國語辭彙的關鍵年齡。如果孩子錯過學習的關鍵年齡，就會對孩子的智力發展帶來一定的消極影響。相反，如果家長能不失時機地根據孩子學習的關鍵年齡，提前給予恰當的教育，就可取得事半功倍的良好教育效果。當然，孩子在這樣的年齡階段不可能知道自己正處於學習何種東西的關鍵年齡，這個時候就只能依靠父母對其進行引導了。所以，引導孩子向天才之路邁進就成為父母義不容辭的責任。

2、引導的時效

正如上面所指出的，引導的作用主要體現在孩子的自我意識尚未完全形成之前，也就是說，引導是有時效的，父母要懂得何時應該對孩子進行引導，同時也要懂得什麼時候應該放開手讓孩子去走自己的路。

一般來說，在孩子的自我意識尚未完全形成之前，對孩子的引導可以起到良好的效果。孩子像一棵小樹一樣在父母雙手的守

護下茁壯成長著。但是，當這棵小樹不再需要父母的雙手就可以筆直地向上生長時，也就是說當孩子的自我意識已經完全確立之後，父母就要適時地放開雙手了。這個時候孩子已不需要父母的引導和扶持，他知道自己想做什麼、能做什麼，如果父母在這個時候再給他規定方向的話，他就會認為自己沒有得到應有的尊重，進而與父母發生衝突，甚至影響了自己的發展。

總之，父母在培養孩子的過程中要學會審時度勢，這樣才能取得更大的收穫。

2 引導要有針對性

教育孩子就像灌溉田地一樣，不能讓水漫無目的地流，要對之進行
疏導才行。

——陶行知

　　我們有一個總體的培養孩子的目標，但是在具體的教育過程
中也要對孩子進行有目的性的引導，這樣才能做到有的放矢。本
世紀初美國著名學者斯特娜夫人有一個女兒叫維尼夫雷特，這個
孩子從3歲起就會寫詩歌和散文，4歲起就能用世界語寫劇本。她
的詩歌和散文從5歲起就被刊登在各種報刊上。斯特娜夫人對女兒
早期的引導就極具目的性，下面我們就以斯特娜夫人如何成功教
育女兒為例來看一下有目的性的引導所產生的奇蹟。

1、引導孩子訓練五官和頭腦

　　斯特娜夫人談到她早期對維尼夫雷特的教育就是對其進行有
目的性的引導。對一個人來說，他一生中所有所做的事都可以歸
結為兩方面，那就是用頭腦來思考和用感官來感受。所以斯特娜
夫人從女兒還在襁褓之中時就開始有目的性地訓練孩子的五官。

她每天讓女兒聽古今名曲，首先發展耳朵的聽力。等女兒會說話後，還經常把和女兒談話的內容繪成圖畫，用這種方法增長孩子的知識和記憶。此外，她還和女兒經常玩一種叫「留神看」的遊戲。每當走過一家商店門前，她就問女兒剛才路過的這個商店的陳列櫥窗內都擺放著哪些物品，讓女兒列數留在記憶中的物品，這樣可以訓練女兒注意觀察事物的能力，養成敏銳的觀察事物的習慣。在對女兒進行五官訓練的同時，斯特娜夫人也非常重視對女兒的頭腦的訓練，她認為，對孩子進行頭腦的訓練越早越好，而這種訓練最好用遊戲的方法進行。對孩子的遊戲不能放任不管，父母必須根據需要加以引導。

2、引導孩子培養想像力和品德

在談到為什麼要加強對孩子的想像力的培養時，斯特娜夫人曾說：「我們的幸福一半以上要靠想像，不會想像的人就不懂得真正的幸福。如果一個人在小時候想像力得不到發展，非但不能成為詩人、小說家、雕刻家、畫家，而且不能成為建築家、科學家、法律學家、數學家。」為了發展女兒的想像力，斯特娜夫人總是堅持讓女兒看有趣的圖畫，並根據圖畫給女兒講述自己編的故事，進而讓女兒也發揮想像力，編出有意思的故事講給媽媽聽，還鼓勵女兒先把這些故事講述下來，然後再將其寫成文章。斯特娜夫人認為：「教育孩子運用講故事的方法是最有效的。故

事可以訓練孩子的記憶力、啓發想像、擴展知識。」

　　斯特娜夫人有一則非常經典的比喻，她說：「孩子的心是一塊奇怪的土地，播上思想的種子，就會獲得行爲的收穫；播上行爲的種子，就能獲得習慣的收穫；播上習慣的種子，就會獲得品德的收穫；播上品德的種子，就能得到命運的收穫。」從這則比喻我們可以看出來，她特別重視培養女兒的品德。爲了培養女兒良好的品德，她首先開始規範自己的行爲，處處做孩子的表率。她透過講故事、玩遊戲等方式從小就開始有目的性地培養女兒的自尊、勤懇、勇敢、自制、守時、爲他人著想、服從等品德。

　　從斯特娜夫人教育孩子的經驗中，我們可以得出一個結論：有目的性的引導能有效地挖掘出孩子的潛能，進而也能更好地發揮教育的作用，爲孩子日後成爲天才打下堅實的基礎。

3 溺愛的害處

兒童需要管教和指導，這是真的，但是如果他們無時無刻和處處事事都在管教和指導之下，是不大可能學會自制和自我指導的。

——林格倫

　　孩子是父母生命的延續，父母把全部的愛都給了孩子，但是這往往會造成對孩子的過度保護，使孩子喪失了自我發展的能力，反而不利於孩子的成長。所以，父母必須給孩子留下足夠的生長空間，讓孩子自由地去發展。

1、孩子需要的不只是「愛」

　　如果你把孩子送進學校時，老師和藹地對你說：「其實我沒有受過專業的訓練，以前也沒有教學的經驗。不過請您放心，我會非常愛護您的孩子，相信您的孩子在學校裡會快樂地成長。」面對這樣的老師你還會乖乖地把孩子送進這個學校嗎？答案當然是否定的，但是有些父母卻認為在自己教育孩子的過程中只要給予孩子無限的愛，那麼孩子的偏差行為就一定能改善。的確，愛與溫情是人類最基礎的感情，但對於教育孩子來說，只有愛是不

夠的，還需要判斷力和知識。

父母為了讓孩子無憂無慮地成長，以致常常給予過度的保護，他們認為這正是對孩子愛的表現。無論孩子在生活上還是在學習上出現一點點問題，父母就誠惶誠恐地去替孩子解決。這樣下來，一旦孩子在日後遭受挫折時，就難以處理自己的困難；有些父母因為不具備教育孩子的知識，對於管教方式沒有自信，擔心孩子會因此不喜歡自己，或擔心傷害親子的感情，因而害怕糾正或處罰孩子，結果放任了孩子，使他們變得難以管束；也有些父母為了要保護孩子，怕他們做出錯誤的選擇，因而在很多事情上都幫孩子做決定，這樣會讓孩子以為自己無能力決定，顯得較無自信。

父母保護孩子，不想讓孩子受到痛苦，這是可以理解的，但是過度的保護，反而會讓孩子缺乏從錯誤中學習的機會。愛對孩子的成長來說很重要，但卻無法保證孩子會出現良好的行為。孩子不但需要有愛心的父母，他們更需要有教育能力的父母。

2、要勇於「放手」

適度「放手」是一條非常重要的教育原則，這對那些由於過度保護孩子而導致孩子變得無能的父母來說尤其有效。孩子最終需要獨立地去面對人生，父母適度地「放手」，讓孩子在能力所及

的範圍內自己做出決定，不要替孩子拿主意；讓孩子去做他認為自己能做的事，不要怕孩子遭遇失敗和挫折；讓孩子獨立解決他所遇到的難題，不要怕他吃苦。這些就是「放手」原則的主要內容。這種看似簡單而輕鬆的教育方法，實際上可以起到良好的教育效果。因為這樣一來就緩解了父母和孩子之間的那種緊張關係，父母不必非要孩子按照自己的規定行事，孩子也不必事事聽命於父母，這更有利於兩代人之間的交流，將他們的關係導入正確的軌道。

4 壓制的後果

天性如果得不到自由發展，就會變得衰退，甚至墮落下去。

——法·伏爾泰

　　與過度保護孩子的父母類似的是，有些父母把對孩子的壓制也當作是對孩子的一種愛。他們命令甚至強迫孩子按照他們的意願去做，如果孩子不遵從父母的意願就會遭到懲罰。這些父母認為自己之所以壓制孩子，正是為了孩子自己，為了他的將來。但是，採取壓制這種方法來培養孩子，能收到預期的效果嗎？

1、警惕孩子產生心理障礙

　　英國哲學家約翰·斯圖爾特·穆勒的父親在他幼年時期就對他開始進行嚴苛的管教，不允許他有假日，唯恐破壞他每天都堅持學習的習慣，也不給他絲毫自由，不許他到外面去玩，事無巨細地對他嚴加管束，不允許他有隨意的愛好，怕他在學習上分心。這造成了穆勒在青年時期經常精神抑鬱，以致終生都感到有心理障礙。也許有人會說，穆勒最後不是成為一位著名的哲學家了嗎？看來他父親對他施行的壓制管教法還是很有效的。這就要

看父母的選擇了，你是寧願你的孩子成為一個有心理障礙的天才呢？還是更希望自己的孩子無論能不能成為天才首先要有一個健康的心理呢？還有，壓制出天才的機率與壓制出心理障礙的機率相比，要小許多，這一點應該引起父母的足夠重視。

很多父母非常重視孩子的早期教育，這當然是正確的，但是他們對把孩子朝哪個方向培養並沒有一個清楚的認知。整天要求孩子學這學那，英語、鋼琴、舞蹈、書畫、電腦、唐詩、珠算和心算……凡是市面上流行的孩子都要學，還總覺得孩子做得不夠好。如果你對孩子的要求過於苛刻，而且動不動就批評孩子，這只會對孩子的心理發展產生負面影響，厭學、自閉和失語等現象也可能隨之產生。

2、壓制會導致一事無成

德國的卡爾‧擔路德維希的經歷很好地說明了壓制會導致一事無成這個道理。卡爾小時候是一個學業天賦極高的孩子。他的父親一心想使他盡早功成名就，所以不停地催逼他，並親自教他高等數學，強迫他除了吃飯、睡覺以外，剩下的時間都用來學習，並反對卡爾有一切與學業無關的興趣。

卡爾8歲時，父親就讓他學大學水平的數學課程，卡爾僅用了三年時間就修完了大學課程，11歲大學畢業。當時大學的教授們

預言卡爾一定會成為世界級數學家。但令人感到意外的是，卡爾在上研究所的一年後，很快對數學失去了興趣，隨即轉入法律學院，但不久他對法律也沒了興趣。少年時的輝煌瞬間轉為黯淡。卡爾最後當上了既不用思考，也不用擔責任的辦事員。

很多家長都認為天才教育就是苦澀的、強迫的，只有讓孩子吃得苦中苦才能成為人上人。他們錯誤地認為苦盡之後就會甘來，要知道讓孩子吃壓制這種苦，結果很可能還是苦。

5 「放風箏」與「放氣球」的道理

一個好的方法就意味著已成功了一半。

——中·諺語

我們在前面強調了對孩子進行過度保護會導致孩子變得無能，壓制孩子也會產生嚴重的後果，所以我們提到了要學會適度地「放手」，但「放手」並不意味著就是「放氣球」，雙手鬆開後任氣球在天空中飄向某個方向，而是要採用「放風箏」的方式，風箏雖然放了出去，但是總有一根線還留在手裡。

1、放出足夠的空間和自由

父母往往會走兩個極端，要嘛是對孩子進行過度的保護，要嘛是過度地放任孩子，這兩種做法都不利於孩子的成長。我們想要把孩子培養成天才，就需要給孩子足夠的空間和自由，這樣孩子才可能自由地呼吸，做自己喜歡做的事。如果孩子受到過多的限制的話，就會感覺被束縛住了手腳，進而不能很好地發揮自己的潛能。但是如果父母太過於放縱孩子，讓孩子隨著自己的性子來，這對一個心智還沒完全發育成熟的孩子來說也是非常有害

的，因為這個年紀的孩子還沒有足夠的自制力，他考慮更多的是我想做什麼，而不是我可以做什麼。很多孩子沉迷於遊戲世界裡或是暴力事件中，還有些孩子甚至會做出違背道德的事情來，這樣孩子不但沒有得到自由的發展，反而喪失了挖掘其天賦潛能的最佳時機。我們把這種過於放縱孩子的做法叫做「放氣球」的教育方式，有別於我們所提倡的「放風箏」的教育方式。「放風箏」的教育方式強調應給予孩子足夠的空間和自由，讓孩子擁有足夠的展示其才華、挖掘其潛能的機會，但是並不放縱孩子，因為，孩子在這種教育方式中獲得的不僅是足夠的空間和自由，還有讓他們可以享用終生的做人與做事的準則。

2、放出準則

在「放風箏」的教育方式中，我們把放風箏時留在手中的線比喻成準則，這個準則就是「放風箏」的教育方式與「放氣球」的教育方式的區別所在，是對孩子在道德和人格上的引導。

有的父母害怕給孩子過重的壓力，擔心要求太多會剝奪孩子正常的童趣，因此過度地滿足孩子看電視、玩遊戲、在商場閒逛等要求。還有的父母甚至縱容孩子去做一些對別人有害的事，忽視了孩子的道德和人格教育。這些父母都忽視了一點，那就是「準則教育」，「準則教育」指的是父母在教育孩子的過程中應當告訴孩子什麼事情可以做，什麼事情不可以做，以及為什麼這

樣。我們在第一章中就已經講過，天才本身就蘊含著成就，但是這個成就必須是能造福於人的。如果我們不注重對孩子進行「準則教育」，而只是一味地強調孩子能否飛上高空、能否成為天才，那就偏離了教育的目的，教育一方面要強調孩子的智力的發展和潛能的發揮，另一方面也要強調孩子的人格和品德的培養。所以在這裡我們不得不提醒父母們，在將孩子培養成天才的過程中，請牢牢抓住手中的那根「繩」。

6 把「你去做」變成「我想做」

與別人為我指出的路相比，我更願意遵循自己的方向。

——義·布魯諾

　　「你去做」和「我想做」是兩種截然不同的話語方式，前者是父母對孩子發佈的命令，而後者表達的是孩子的要求和願望，是孩子的自主選擇。在許多父母看來孩子的要求是無足輕重的，「畢竟是孩子嘛，他們知道什麼！我走過的橋比他們走過的路都多。」他們就是抱著這樣的想法來對孩子進行管教的。

1、命令與引導

　　據一份調查問卷顯示，有71.09％的孩子不喜歡父母用命令、催促的口吻與自己講話。當然，父母比孩子懂得多，孩子需要從父母那裡獲取人生的智慧與經驗。但是父母不能以命令的方式來對孩子傳授經驗，因為這樣非常容易使孩子產生抵觸心理而引發不良的後果。

　　父母通常把對孩子的命令當作是對孩子的引導，他們認為孩子在幼小時還沒有能力對自己的行為做出決定和選擇，等孩子具

備了這個能力之後，他們仍然需要父母的協助和引導。父母們的這些想法是正確的，只是他們混淆了命令與引導之間的區別。命令是專制性的，不考慮孩子的想法和感受，強迫孩子按照父母的要求去做，而引導則是以孩子為中心的。對孩子進行正確的引導首先要認識孩子，發現孩子在天賦潛能方面的優勢，然後要協助孩子在自己的長處方面取得更大的進展，並能為孩子制訂出應遵守的道德準則，以有利於孩子的人格培養 ，這樣才能培養出一個心理健康、才能卓越的天才。

2、自主選擇與引導

既然命令的方式不可取，父母就要想辦法培養孩子的獨立性，讓孩子進行自主選擇了。孩子自主選擇的事情自然是他所喜歡的，這更有利於調動孩子的積極性，也更有利於挖掘孩子的天賦潛能。因為是自己喜歡的事，孩子會心甘情願地把全副精力都放在上面，無需父母督促就會自覺地去做。這樣父母省心，孩子舒心，何樂而不為呢？

當然，讓孩子自主選擇並不意味著父母就可以完全撒手不管，讓孩子隨心所欲地做他想做的事。在孩子進行自主選擇的時候仍然離不開父母的引導，例如一個孩子很有書法天分，而且自己也很想學書法，但是他並不知道應該選擇哪所學校或哪個老師，這個時候就需要父母的協助，而且，有時候孩子的興趣會因

爲暫時的挫折而減弱，甚至會產生半途而廢的念頭，這個時候尤其需要父母的鼓勵和幫助。在引導過程中處處可以體現孩子的主體性，同時也體現出父母對孩子的關愛和扶持。

第六章
教會孩子如何學習

我們已經講過，每個孩子在天賦潛能方面都有著自己的長處，自然不可能每個孩子都無一例外地在學習方面做得很好。我們也強調了要依照孩子的天分對孩子進行適當的教育，也就是所謂的因材施教，但這並不等於孩子就可以只在他所擅長的方面發展，而放棄基本的文化知識的學習，因為基本的文化知識形成了一個人的素養，而且在學習的過程中，孩子的大腦得到啟動，智力得到提升，潛能也得以挖掘。

對於孩子的學習來說，成績是一方面的，但是更重要的是要讓孩子掌握如何學習，讓孩子在學習過程中能找尋到一種獨特有效的學習方法，能養成良好的學習態度和學習習慣，能訓練自己的思維力和創造力，能感受到學習的樂趣。美國人類資源研究所心理學家赫伯特·格喬伊所言：「未來的文盲已不是不識字的人，而是沒有學會學習的人。」因而，必須讓你的孩子學會學習。

1 注重學習方法

良好的方法能使我們更好地發揮運用天賦的才能，而拙劣的方法則可能阻礙才能的發揮。

——法·貝爾納

一些父母在指導孩子學習時，把著眼點都放在具體知識的輔導上，卻忽略了對學習方法的指導，這是捨本逐末。父母幫孩子默寫、檢查作業，甚至代為訂正。這樣固然可以在短時間內提高孩子的學業成績，但是到高年級就會落後。為什麼呢？就因為孩子沒有掌握正確的學習方法。

1、授之以漁——讓孩子掌握正確的學習方法

對於學習來說，獨特有效的方法就是一把鑰匙，只要能找到屬於自己的鑰匙，學習的道路就會變得暢通無阻。這就如同打獵，把獵物送給孩子可以讓他吃幾天，但不教會他打獵，等他吃光了仍會挨餓。如果教會他打獵的方法，他就可以自己去打獵，自然就不會再挨餓了。古人講的「授之以魚只供一餐之需，授之以漁則可解決一生之求」就是這個道理。

　　現代物理學家愛因斯坦在總結自己的研究生涯時，用了一個方程式：$A=X+Y+Z$。其中A代表成功，X代表勤奮，Y代表正確的方法，Z代表少說空話。這個公式證明，成功是三個變數的綜合效應，而方法是高效率地獲得成功的重要因素。因此，想要提高學習效率，保證學習效果，就不能沒有正確的學習方法。

2、學習方法因人而異

　　沒有一種適合所有孩子的學習方法，一種學習方法對這個孩子有用，對另一個孩子來說就未必有用。在我們明白了掌握學習方法的重要性之後就需要讓孩子根據自己的特點來找尋適合他的學習方法了。

　　學習方法是由孩子在長期的學習過程中逐漸養成的，做父母的不能自行為孩子制訂出一套學習方法，硬讓孩子按照它來學習，這種做法表面上看是為孩子「量身打造」，卻很可能出現削足

適履的悲劇。一種學習方法適不適合要由孩子自己說了才算，但是父母在孩子的學習方法上並不是完全無能為力的。有的孩子習慣一種學習方法後，即使效果不好也沒有想到過去換另一種，因為他可能意識不到成績不好的原因是方法出了問題。這時候就需要父母勸導孩子嘗試一種新的學習方法（當然這種新的學習方法是要由孩子按照自己的學習興趣、習慣等來制訂的），這樣就有利於孩子找到有效的、更適合自己的方法了。

2 觀察孩子的學習態度

一個人的態度反映了他內心的真實想法。

——英·諺語

　　對於孩子的學習，很多父母看到的只是每次考試的分數和名次，卻很少注意到孩子的學習態度，你知道孩子在學校學習時表現如何嗎？你知道孩子是以什麼樣的態度完成作業的嗎？只有仔細觀察孩子的學習態度，我們才能瞭解孩子在內心裡是如何看待學習的，才能對之進行有的放矢的教導。

1、注意力是孩子學習態度的顯現

　　如果我們細心觀察就會發現，那些對學習感興趣的孩子在上課和做作業時注意力都特別集中。與之相反，那些對學習沒興趣的孩子，常常在上課的時候注意力不集中，複習功課的時候注意力也不集中，做作業的時候注意力還是不集中，學業成績自然不會好。成績不好就更沒有興趣，學習時注意力更不集中，成績就更差，如此形成了一個惡性循環。這一點充分證明了在學習過程中保持集中的注意力是多麼重要。

注意力是孩子學習態度的顯現。注意力集中說明孩子對學習持積極態度，相對地，注意力不集中則說明孩子對學習持消極態度。那麼想要使孩子在上課和做作業時都保持集中的注意力，就要先端正孩子的學習態度，讓孩子知道學習的重要性，並逐步培養他的學習興趣。同樣地，如果能加強訓練一下孩子的注意力，也有利於孩子養成積極的學習態度。比如我們可以採用聽音樂的方式訓練孩子的注意力，並透過使學習變得更有趣的方法讓孩子保持注意力。

2、主動的學習與被動的學習

學習可以分成主動型和被動型。通常那些對學習有興趣、學習態度積極的孩子在學習時較主動，而那些對學習沒有興趣、學習態度消極的孩子在學習時則較被動。透過觀察孩子在學習時是主動的還是被動的，我們也可以瞭解到孩子的學習態度。

學習的主動與否不像注意力是否集中那樣容易區分，這需要父母透過長時間地對孩子進行觀察才可得出結論。還有一個問題就是如何界定主動與被動。如果你以為孩子每天都能按時完成作業，就說明孩子是在主動地學習，那你可就錯了。判斷學習的主動與否關鍵是看孩子在學習過程中表現出來的積極性，而不是看他都學了什麼。主動型的學習大致可以包括以下幾個方面：能為自己制訂出完整的學習計畫，課前認真預習，上課時積極發言，對所學知識表現出濃厚的興趣，並能創造性地去運用這些知識。

只有使孩子從被動型學習轉變為主動型學習，孩子才會樂於學習，也才能善於學習。

3 培養孩子的學習興趣

對所學知識內容的興趣可能成為學習動機。

——贊科夫

　　從上一節的內容中我們可以得出一個結論：決定孩子是否有一個積極的學習態度的，是孩子對學習有無興趣。所以，父母要特別注意培養孩子的學習興趣。當然，對於那些本來就對學習有著濃厚興趣的孩子，父母只要加以適當的激勵和引導就可以了。而對那些對學習不感興趣的孩子，父母就要費一番腦筋去培養他的興趣了。在這裡我向家長推薦一種迂迴的策略，以他山之石攻玉，這種方法已經有很多父母驗證過，且得到了父母們的好評，下面我就把這種方法介紹給大家。

1、瞭解孩子的興趣所在

　　興趣是人們力求認識某種事物或參與某種活動的積極傾向。學習興趣是孩子渴求獲得知識與深入認識世界的積極傾向；是推動學生學習的有效動力；是學習動機中最現實、最活躍的心理成分。興趣出勤奮，興趣出天才。調查證明，一個孩子某科學得特

別好，與其對該科產生的濃厚興趣關係極大。

我們已多次講過，每個孩子在天賦潛能上都有他擅長的方面，只不過有的孩子已經表現出來，而有的孩子還沒有表現出來罷了。對那些已經表露出卓越潛能的孩子來說，他們越是在這方面遊刃有餘，能取得比別人更好的成績，他就越有自信，也越容易引起別人的注意和稱讚。自然地，他們對自己所擅長的東西也會越感興趣。所以他們的父母很容易判斷出孩子的興趣所在。而對那些還沒有表露出自己在哪方面有優勢的孩子來說，父母就要想辦法拓寬孩子的接觸面，讓孩子有更多的機會去發現自己的優勢。孩子有著很強的好奇心和接受新事物的能力，只要父母提供足夠的機會，孩子會很快地對某件事情產生興趣，並能在短時間內熟悉它，甚至可以在這方面表現出優異的天賦來。父母應該相信，孩子總有他所擅長的方面，也總有他所感興趣的事，只要父母平時多加留心，就能很快地找到孩子的興趣所在。

2、他山之石，可以攻玉

孩子在他們感興趣並擅長的方面遊刃有餘之際，他們的長處已經慢慢地轉化為學習技巧，這個時候孩子就可以把已掌握的學習技巧用到別的方面。父母在發現孩子的興趣所在後，要鼓勵孩子把所掌握的學習技巧和能力運用到他們的學業上。這就是我們所說的以他山之石攻玉的方法。結果就是那些原本對學習不感興

趣的孩子會驚訝地發現他們所總結出的學習技巧和能力可以靈活地運用在他們的學業上，而且會取得不錯的效果，這種發現會極大地刺激孩子對學習的興趣，並能增強孩子在學習方面的信心。

對原本對學習不感興趣的孩子來說，這種迂迴的策略所採用的間接的方式倒更容易被他們接受，而且孩子也能很快地享受到學習的樂趣。在孩子對學習產生興趣之後，肯定在學習中還會經歷很多挫折，這就需要父母們能對孩子進行積極的引導和鼓勵，以使孩子能將這種學習興趣保持下去，直到讓它開花結果。

幫助孩子養成良好的學習習慣

習慣真是一種頑強而巨大的力量，它可以主宰人的一生，因此，人從幼年起就應該透過教育培養一種良好的習慣。

——英·培根

　　習慣是一種穩固的動力定型。無數偉人成功的事例告訴我們：養成良好的學習習慣將終身受益，它對人的成長和發展起著不可估量的作用。葉聖陶曾講過：「教育是什麼？往簡單方面說，只需一句話，就是要培養良好的習慣。」在家庭教育中，必須經常地、具體地、有意識地培養孩子良好的學習習慣。比如熱愛讀書的習慣、善於思考的習慣、集中注意力的習慣、善於提問的習慣、規範作業的習慣、嚴格審題的習慣、培養細心計算的習慣、即時檢查的習慣、善於歸納總結的習慣等。下面我們就以其中的兩點為例，來探討怎樣幫孩子養成良好的學習習慣。

1、培養孩子養成細心的習慣

　　有的孩子在學習中是不是經常遇到這樣的情況：這次做作業時因少加了一個小數點而錯了一道題，那次考試時把「3」寫成了

「5」，結果白白失去了5分，還經常把「戈」寫成「弋」……這些情況都證明了一個問題，那就是孩子沒有在學習中養成細心的好習慣。一位在國中基測和大學學測中數學成績都得了滿分的學生向大家介紹經驗說，「其實我在數學上並沒有什麼比別人優異的天賦，能取得這個成績主要是因為我在學習中養成了一個好習慣──細心。」可見，細心的習慣在學習上可以起到多麼大的作用。

其實不光是在學習上，養成細心的好習慣會讓人終生受用的，不管將來孩子從事哪方面的工作，都離不開「細心」二字。所以父母在對孩子的培養中要注意從小處入手培養孩子細心的習慣，例如可以讓孩子認真觀察一個小動物，並把牠描述出來，也可以透過讓孩子練習計算的方式進行強化訓練等等。

如果父母發現孩子在學習中有粗心的毛病，可千萬不能掉以輕心，因為細心的習慣不僅可以應用在學習上，也可以應用到各個方面。而且從某種程度一個人細心與否將決定他將來的成就有多大。

2、養成孩子善於提問的習慣

善於思考的孩子往往表現為愛問問題。有的父母則怕麻煩，就用簡單、粗暴的方式對待。面對孩子的問題，父母要盡量去回答，如果自己也沒有把握的話可以和孩子一起去尋找答案，這樣

既能更增強孩子的好奇心和思考力，又能使親子關係變得更和諧。有的時候父母覺得孩子的問題太多了，就會不耐煩地說上一句：「你哪來那麼多問題？」這可是千萬要不得的，以這樣簡單、粗暴的方式來對待孩子，會撲滅孩子心靈中智慧的火花。要知道善於思考是一個多麼寶貴的習慣，父母應該珍惜孩子的好奇心，耐心仔細地加以引導，幫孩子打開創造性思維的大門。因為只有善於思考的孩子才能在學習上和將來的事業中有所突破，而不善於思考的人則會被限制在一個圈子裡永遠走不出去。

5 自主學習的益處

學習任何知識的最佳途徑是由自己去發現，因為這種發現理解最深，也最容易掌握其中的規律、性質和關聯。

——波莉亞

　　培養孩子高度的自主學習能力是教育孩子如何學習的最終目標。老師和家長的教導主要作用是啓發，學生的智力成就最根本的還是要靠孩子的自主學習能力。

　　培養自主學習能力對激發大腦潛能也有著舉足輕重的影響。孩子的大腦正處在功能的旺盛期，若經常主動地去探索、分析、解答難題，他們的大腦就會更加靈活，反應能力也會變得更敏銳。

1、發現孩子的學習風格

　　孩子憑著各自不同的天賦潛能，去展現自己和發展他的學習能力，若不遷就他的天分傾向，學習上的外在壓力就會阻礙孩子的天賦潛能的發揮。所以許多研究者一致認爲，在學習如何學習的過程中，應優先培養孩子個人的學習風格。

在學習上有兩項重要因素——興趣和熱情。這兩項都屬於個人情感的範圍。孩子依照自己的興趣和熱情去學習他想要瞭解的東西、想要瞭解的世界，並且他很自然地使用他的天分傾向，去選擇適合他自己的學習方式，這就是孩子個人的學習風格。學習風格沒有好壞之分。愛迪生、愛因斯坦、邱吉爾及許多偉大的天才人物早期在學校都有老師不能接受的風格。許多天才在學校裡的表現都平凡無奇，因為他們更喜歡用自己的方式去探索知識。

天分傾向往往是個人學習風格的成因。例如右腦發達的人或左撇子的人，在學習上就更容易接受以視覺、想像、音樂、藝術、直覺、圖像等方式呈現的內容。每個孩子都有著不同的天分傾向，因而也就有自己的學習風格，父母若能順應孩子個人的學習風格，教導他如何學習，而培養出他高度的自主學習能力，孩子就擁有了成為天才的基礎。

2、培養孩子的自主學習能力

在發現孩子的學習風格之後，父母只要鼓勵孩子運用自己擁有的各項感官和天賦潛能，盡情去探索，孩子的自主學習能力就會逐步提高。對一個有著一定的自主學習能力的孩子來說，家庭、戶外旅遊、逛商場、參觀民俗文化展覽等，都是無限寶藏的教育資源。一個豐富的環境，特別是像圖書館、博物館、美術館這樣的地方，會激發孩子的學習興趣，使孩子主動地去探索自然

與歷史之謎，這對孩子的自主學習能力的提高是非常有幫助的。

　　具備了自主學習能力不僅意味著孩子可以以自己的方式主動地去吸收知識，還意味著孩子可以在學習的過程中釋放出原始的想像力本能。所有的天才之所以成為天才，其中很重要的一點就在於把想像力的潛能自由放任地發揮。

第七章
把孩子培養成考試高手

在孩子的學習生活中，最重要的莫過於考試了。孩子每年都
要參加不同的考試，父母對孩子學業成績的瞭解也主要是透
過考試。考試就此成為一個頗受父母們注意的問題。而且有
時候父母和孩子之間出現的衝突和緊張局面都是由考試引起
的，所以在這一章裡我們將專門討論一下關於考試的問題。

天才與考試似乎是兩個不相關的話題，在考試中有優異表現
的不一定是天才，而天才也不能用成績優劣來衡量。但是掌
握一套有效的方法、形成一種良好的習慣又是所有天才必備
的素質。在上一章中我們已經講到如果能把這種素質應用在
學習上的話，孩子就會在學習上取得不錯的效果。另外，學
習對孩子的天賦潛能也產生了很好的啟發作用，因為在學習
的過程中，孩子的天賦潛能會因為不斷受到刺激而能得到更
好的發揮。由此可見學習對孩子的成長來說是一個非常重要
的環節，而體現孩子的學習能力和效果的正是考試，所以正
是學習把天才與考試這兩個看起來並無關聯的話題連接在了
一起。

1 讓孩子正確對待考試

事情取決於我們如何看待它們。

——美·馬頓

　　幾乎所有的父母都把考試的成績當作孩子學習情況的反映，孩子在考試中取得了好成績、好名次，他們就在精神和物質上對孩子大加獎勵，但是如果孩子沒有考好，他們就會很明顯地表現出自己的失望來，甚至對孩子進行批評和懲罰。父母和孩子眼睛盯著的都是考試的分數，父母希望孩子的分數能永遠名列前茅，直到最後升入理想的學府，孩子希望透過考試能讓家長和老師都滿意。這樣的一種對待考試的態度必須改變，否則不但不能充分發揮考試的作用，還會引發不應有的後果。

1、告訴孩子考試的目的

　　考試是一種手段，對教師來說，它的目的本該是判斷自己的教育方法是否得當，根據學生前後考試的不同表現，掌握每個學生在一段有限的時期內的學習情況，並由此制訂出行之有效的教學方案；對學生來說，透過考試，他們可以對自己所掌握的知識

有一個更有系統的把握，能夠更清楚地瞭解自己在哪方面的知識掌握得好，哪方面的知識掌握得不好，以便在接下來的學習中能夠揚長避短，使自己的知識更全面、更紮實。

對家長來說，考試提供了一個良好的瞭解孩子的機會，父母可以詢問孩子在考試中的表現，比如說，細心程度夠不夠、是否採取了有效的策略、有沒有感覺到緊張等，這些表現雖然會直接影響到考試的分數，但是家長從孩子在考試中的表現能瞭解到孩子的一些特點，並能根據這些特點對孩子進行積極的引導，其意義卻遠在考試之上。

2、理智看待考試分數

分數是考試反映的最直接的資訊，但分數並不是考試的全部。在這點上我們首先要明確一個問題：我們讓孩子努力讀書的目的是為了培養孩子的學習能力和讓孩子具備必要的知識基礎呢？還是為了讓孩子能透過考試中的高分而升入理想的學府呢？

如果是前者的話，父母就會這樣來看待分數：分數反映的是孩子在一段時期內的學習情況，根據考試的分數我們可以大致瞭解孩子在這段時期的知識掌握情況，還可以藉此測試一下孩子平常的學習方法、學習態度、學習習慣等。如果孩子考試的分數較低，父母也不會對孩子進行斥責，只要孩子能從中汲取有益的教

訓，考試的目的就算達到了。父母以這樣的態度來看待分數，孩子就會覺得學習是一件輕鬆的事，進而能迸發出更濃厚的學習興趣來，在學習上也會更主動、更積極，學習效果當然會更好。

如果是後者的話，就會出現我們所提到過的情況：孩子考好了，父母在精神上和物質上都對孩子大加獎勵，但是如果孩子考糟了，父母就會表現出失望，甚至責備和懲罰孩子。正因為這樣，孩子才會害怕考試，越是害怕考試，在考試時就會感覺緊張，越是緊張就越是考不好，如此形成一個惡性循環。

兩相對照，孰優孰劣便不言自明了。

2 幫孩子做好考前複習

未雨綢繆遠勝過亡羊補牢。

——中·諺語

　　我們建議父母不要把分數當成考試的全部，但是對孩子來說，即使沒有家長的壓力，他們還是希望自己在考試中能取得一個好成績的，他們認為這是對自己學習能力的一種證明，這樣他們在學習中才會更有自信。這種希望是主動的、由內而外的，所以才更迫切。因此父母一邊要告訴孩子放輕鬆點，考糟了也沒關係，一邊還要幫孩子做好考前複習。這其實並不矛盾，不給孩子施壓源於父母對待考試的態度，幫孩子複習則是因為孩子「肯定自己」的願望。

1、考前複習好處多

　　對於考試來說，考前複習是非常重要的。有的孩子平常學得挺好，但是因為考前沒有進行有系統的複習，不知道自己知識上的缺漏在哪裡，沒有進行即時的補救，就會影響考試成績。

　　考前複習是對自己所掌握的知識進行查漏補缺的最佳時機。

考試雖然也能反映孩子的知識掌握情況，但不可能進行面面俱到的測試。父母要引領孩子在複習中首先鞏固自己的薄弱環節，因為這些環節的存在會造成孩子的緊張心理：「我有些地方還沒有掌握好，要是考試時有這樣的題目就完了。」帶著這種心理去考試必然會影響發揮。

考前複習還可以讓孩子把學到的零星的知識串連起來，形成一個有效率的知識網路。在這個知識網路中才能更深刻地理解各個知識要點，也才能有融會貫通、舉一反三的效果。

2、如何做好考前複習

首先，要給考前複習留出足夠的時間。說是「考前」複習，但不能等到臨考的前一天晚上才開始複習。有時候在學校裡老師會帶領學生進行複習，在這種情況下，父母就要先向老師瞭解孩子的情況，老師會告訴父母孩子哪個地方的知識還需要鞏固，父母只要根據從老師那裡瞭解到的情況讓孩子進行有針對性地複習就可以了，這時父母起到的就是協助老師的作用。如果學校沒有安排專門的複習時間，這就需要父母叮囑孩子多拿出點時間來進行複習了。

其次，考前複習一定要做到全面、系統。複習的過程就是對所學過的知識的一次整理，所以一定要全面，不能留下盲點。另

外，還要將知識系統化，就是讓孩子去發現所學過的每一章、每一節的知識之間的關聯，然後透過知識與知識之間的關聯，將它們串連起來，形成一個系統。只有在知識形成一個系統時，才能更深刻地理解知識，更牢固地把握知識。

3 你的孩子不能不知道的考場技巧

最有價值的知識是關於方法的知識。

——英・達爾文

認真做好考前複習之後，就要送孩子進入考場了，這時候你的孩子有沒有掌握必要的考場技巧呢？

一個孩子雖然在知識掌握方面非常完備，但是如果沒有掌握必要的考場技巧，也會影響到考試成績。下面我們就來看一下必備的考場技巧有哪些？

1、和時間進行競賽

考試都是有時間限制的。曾經聽過一個孩子抱怨說考試時間太短了，他總不能在規定的時間內做完所有的題目，「其實每道題我都會做，如果給我足夠的時間的話，我肯定能得滿分。」不要忘了，考試考驗的不僅是知識，還要考驗作答的速度、細心的程度等等。不要因為沒有足夠的時間而抱怨，因為有的孩子正是在同樣的時間內做完了所有的題目。這就涉及到控制好考場時間問題。

　　一份試卷的考試時間和題目的難易度及數量都經過了科學的計算。一般來說只要能合理安排時間就能做完所有的題目。在這裡向大家推薦兩種控制考場時間的辦法：一是讓孩子拿到試卷後先看一下考試時間是多長，共分為幾個大的題型，然後粗略地估計一下每個題型所應佔用的時間。在作答的過程中可以根據題型的難易程度做出適當的調整。這樣先在總體上把握住時間，然後進行合理分配，就能取得理想的效果。另一個是採取先易後難的辦法。拿到試卷後先從比較容易的題目做起，用盡量少的時間把較容易的題目做完，這樣就給較難的題目留下了充足的時間，也就有更大的把握「拿下」較難的題目了。這兩種辦法各有優劣處，父母可根據孩子的情況靈活選擇。

2、細心的妙用

　　有的父母會覺得細心可算不了什麼技巧，殊不知從審題到作答再到檢查，哪一個環節都離不開「細心」二字。

　　先從審題來說，有的題目乍看之下可能跟孩子平常做過的題目非常相似，所以孩子拿起筆毫不猶豫地按照平常的做法去做這道題，錯誤就在這時產生了。例如孩子平常做的題目是「商店運來梨子450公斤，蘋果300公斤。梨子比蘋果多百分之幾？」可是試卷上要求的卻是「商店運來梨子450公斤，蘋果300公斤。蘋果比梨子少百分之幾？」所以說一定要教導孩子審題的時候必須要

細心，否則完全有能力做對的題目也會出錯。

再來看作答，每一步計算，加、減、乘、除，平方、開根號等都得細心才行，計算的過程中錯了一個小數點，寫字的時候多了一橫、少了一豎，都會差之毫釐，失之千里，產生不必要的損失。

在做完題目開始進行檢查的時候細心就更有用處了，如果只是粗略地瀏覽一下，就很難發現是不是有失誤的地方，只有細心地去驗算、去推敲，才能做到萬無一失。

考場技巧還有很多，父母可以多和孩子交流探討，找到更多行之有效的技巧。

如何保持從容的心態

一個人如果心態正確，便沒有什麼能夠阻攔他實現自己的目標；如果心態錯誤，就沒有什麼能夠幫助他了。

——美·托馬斯·傑斐遜

在考試時能否擁有一個好的心態是非常重要的。如果沒有一個好的心態，在考場中就會有緊張、頭腦發昏等感覺，這自然就會影響在考試中的發揮。那麼，應該如何讓孩子在考場保持一個好心態呢？

1、讓孩子明白考試只是考試

這句看起來有點像繞口令的話，對孩子來說無疑是一道敕令。孩子為什麼會害怕考試，在考試中出現緊張甚至昏厥等情況呢？主要是怕考不好的話會受到父母的責備、老師的批評還有同學們的譏笑。這些後果都是考試所帶來的負面效應，而不是考試本身。因此我們也可以得出一個結論：其實孩子害怕的不是考試，而是考糟，是考試的結果。考試的結果自然是分數。

在「端正對待考試的態度」一節中我們已經分析了考試的目

的以及應該怎樣來看待分數，在這裡我們還要延續這種看法，因為孩子在考試中的一系列不適反應都是由於沒有端正對待考試的態度所引起的。如果能在考試前告訴孩子我們其實在乎的不是分數，而是孩子能否在考試中充分地表現自己，把自己平常掌握的知識熟練地應用於考試，孩子在考試中的緊張情緒自然會有所緩解。所以說，要保持一個考場好心態，首要的一點就是要讓孩子明白考試只是考試，不要過多地考慮考試之外和考試之後的東西。

2、結果並不是最重要的

當孩子改變對考試的看法，明白考試只是一場考試之後，他們的緊張心理就可以得到緩解。但是孩子光認識到這點還是不夠的，想要使孩子以良好的心態從容地去面對考試，還要讓孩子明白「結果並不是最重要的」這個道理。

考試無疑是驗證學習結果的手段，每個孩子都想取得最好的結果，都想當第一，因為這意味著自己是最聰明、最優秀的。所以即使他們只把考試當作一場考試來看，不會去想考試結果出來之後父母、老師和同學們的反應，但是他們還會去在意考試的結果，因為他們覺得這個考試結果是他們這段時期學習情況的反映，如果考糟了的話，那麼就意味著平時的努力都付之東流了。身為父母，我們必須糾正孩子的這種看法，要知道過程永遠比結

果更重要。孩子平時努力學習，對學習有著濃厚的興趣、能掌握正確的學習方法、養成良好的學習習慣、有一個端正的學習態度，這些在學習過程中所獲得的東西會化為一種內在的力量伴隨孩子一生，而這遠非一次、兩次好成績所能比的。

第八章
如何讓懲罰恰到好處

懲罰和獎勵、批評一樣，也是一種教育孩子的手段。不同的是，懲罰只能做為一種教育的輔助手段來用，而且一定要慎重、恰當，不可常用、濫用。懲罰一般指行為懲罰，可以採取直接懲罰，如取消某種承諾、靜坐思過、寫悔過書、重做沒有做好的事、禁止孩子做自己感興趣的事情，或不允許孩子參加什麼活動等。也可以採取間接影響的方法，向孩子講述與其所犯錯誤相似的事，然後告訴孩子，再繼續下去將會受到懲罰的。

前面我們講到了鼓勵、引導對於培養天才的重要性，但是適當的懲罰也是一個必不可少的環節。人人都會犯錯，更何況是孩子？在孩子犯錯時也要對其進行批評，必要時也要施行一些小小的懲罰，讓孩子能朝著正確的方向發展。

1 體罰的弊端

不能用溫情征服對方的人，用毆打也征服不了對方。

——俄·契訶夫

　　孩子本應擁有一個快樂的童年，而不是被打罵、受虐的童年，他們需要過著無憂無慮的生活，才能更好地發揮潛能。可是現在卻有很多孩子經常會擔憂自己到底何時才能不被打；何時才能有安全的感受；何時挨打挨罵的生活才能結束。

1、體罰現象存在的原因和根據

　　體罰孩子是一個非常普遍的現象，因此也常有人提出類似可適當體罰孩子的理論，並往往能被許多父母所接受。用體罰懲戒孩子，就是一種對孩子人格侮辱、侵害的方式，但仍有不少家長認為孩子是自己的，自己想怎麼管孩子就怎麼管孩子，更有不少家長認為體罰與成材之間存在著必然的關聯，也就是所謂「不打不成器」的原理，這一切無疑都為很多家長體罰孩子提供了相對的理論依據。

　　有些家長認為：孩子還沒有分清是非的能力，他們做錯了事

就該挨打，這樣他們才能記得住，以後才不會去做類似的事。父母的初衷是爲了糾正孩子的錯誤行爲，但是所採取的方法實在值得商榷。難道管教孩子就只能不是打，就是罵，打罵後還要罰站、罰跪、不准吃飯嗎？他們不知道這種管教方法不但不能使孩子認識到錯誤，還會使孩子爲逃避打罵而學會撒謊；個性強的孩子還容易產生抵觸情緒而變得更倔強、暴躁，更不聽話。因此，打、罵、體罰會給孩子的身心健康帶來極壞的影響。

2、體罰的嚴重後果

體罰不可能收到懲戒的效果。體罰是一種最嚴厲的懲罰手段，如果濫用，父母動輒就是幾板子或幾巴掌，打孩子打慣了，習以爲常了，孩子對挨打也就沒有了懼怕。孩子一旦對挨打失去了懼怕，「打」做爲一種最嚴厲的懲罰手段也就喪失了它的威懾力。這個時候父母就會覺得無計可施了，父母原以爲打是最有效的辦法，現在連打都不行了，父母就拿不出更好的辦法了。

體罰是一種侮辱人格尊嚴的行爲，是對孩子心靈和肉體的虐待。耶魯大學心理學教授愛德華·齊格勒認爲，體罰孩子和虐待孩子之間其實很難清楚地劃一條線。他說：「很多時候，人們一開始只是想管教一下孩子。但是一旦打了孩子，就可能打得太重，很多孩子受到虐待死亡不是偶然的。」

　　體罰會破壞父母和孩子之間的親密感情。體罰不但使孩子不再願意與父母親近，而且打多了，只會使父母子女之間在感情上產生隔閡，嚴重的甚至會對抗、對罵、對打。對孩子本人來說還會造成種種不良的心態和心理偏差。

　　所以，奉勸那些曾經使用過體罰這種辦法來管教孩子的父母，體罰有害無益，請不要再打、罵，甚至虐待孩子了。

2 學會自然懲罰

假若孩子在實際生活中確認，他的任性要求都能滿足，他的不聽話並未遭致任何不愉快的後果，那麼就漸漸習慣於頑皮、任性、搗亂、不聽話，之後就慢慢認為這是理所當然的。

——蘇霍姆林斯基

　　我們在上一節講到不應該對孩子進行體罰，但是適當的懲罰還是必要的。父母如果只懂得如何鼓勵、引導孩子，而不懂得在孩子犯錯時給予適當的懲罰，這種管教方式也是不全面的。心理學認為，懲罰雖然使人感到痛苦和厭惡，但是懲罰是有價值的，因為它可以讓孩子學會去承擔責任。所以必要時可以適當懲罰孩子，沒有懲罰的教育是脆弱的教育。懲罰應是一種教育手段，應盡量在孩子自願選擇的基礎之上，讓孩子對自己的錯誤感到愧疚，自行糾正自己的行為。

　　適當的懲罰是可以的，但必須講究方式和方法，下面我們就向大家介紹一種行之有效的方法：自然懲罰法。

1、自然懲罰的定義

137

　　所謂的「自然懲罰」，也叫「自然後果懲罰法」。就是指當父母發現孩子由於自己的疏忽和過失而引起不良後果時，並不對其所犯過失進行指責，而是讓孩子自行承擔他所引起的後果，讓孩子對自己的行為有所反省，進而彌補過失，糾正錯誤。這個方法是由法國教育家盧梭提出來的，它已被驗證為是一種比較有效的家庭懲罰方法。下面我就為大家介紹幾個父母實行「自然懲罰」的例子，以便大家更好地瞭解這種方法。

　　小剛是個7歲男孩，早晨去上學的時候，他常常忘記帶便當。媽媽就和老師商量好，不要遷就孩子，忘記帶便當就讓他餓一餐。在他體驗到幾次不帶便當而飢腸轆轆的滋味之後，就很少再忘記帶便當了。

　　一個12歲的小男孩在踢足球時，打破了鄰居家的一塊玻璃。鄰居就讓他賠錢，這個孩子沒辦法，只好回家找爸爸。爸爸說：「玻璃是你打破的，那你就應該賠，沒有錢，我借你，但是你必須儘快還清，因為玻璃是你打破的，所以必須由你來承擔後果。」事後孩子撿了一個多月的保特瓶，才還清了向爸爸借的錢。還錢的時候爸爸告訴他：「每個人都應該為自己的過失負責，一個能承擔責任的人，才可以有大的成就。」

　　所以我們的家長也盡量不要去幫助孩子彌補過失，要讓他們自己養成好習慣，自己承擔責任。

2、自然懲罰的功用

自然懲罰比一般的懲罰方法有著自身的優勢。

首先，父母和孩子之間不會出現明顯的對立，甚至是對抗的情緒。在孩子的行為沒有得到父母滿意時，父母並沒有採取批評、指責孩子的辦法，這樣，孩子也較不容易產生叛逆心理。可能孩子在一開始會對自己不得不承擔後果表示不理解，並且父母的表現會讓孩子覺得有些冷漠，但是等父母向孩子講明道理後就會得到孩子的理解。

其次，自然懲罰比一般的懲罰方法效果要好，因為孩子在接受了教訓之後，不但會改正錯誤，而且因為是由孩子自己承擔後果的，所以還有利於培養孩子的責任感。

自然懲罰雖然能產生不錯的效果，但是如果在懲罰之後不能適時地和孩子溝通，會讓孩子覺得很委屈，認為自己沒有得到父母足夠的關愛。

3 懲罰之後是溝通的良機

世界上有兩種東西能治病，一是藥物，二是語言。

——古希臘‧希波克拉底

　　懲罰是一種特殊管教孩子的方法，它又是一把雙刃劍，既可以教育孩子，也可以傷害孩子。如何使用懲罰是管教成敗的關鍵。懲罰之後一定要向孩子說明理由。父母要善於控制自己的情緒，不可暴怒，更不可兇狠。在進行懲罰之後，要把注意力放到讓孩子知道自己言行錯在什麼地方，為什麼是錯的上面。大多數孩子都以為自己的行為是對的才去做，或者從自己的興趣、兒童的角度出發去做的。如果不對孩子說明道理的話，他們會覺得自己很無辜，還會怨恨父母，對孩子的管教也起不到應有的作用。因此，懲罰之後對孩子說明道理是一個很重要的環節，我們可以把它看做是懲罰的延續。

1、聽聽孩子的想法

　　父母在對孩子進行懲罰之後也要給孩子一個訴說的機會，可以讓孩子自己談一談錯在哪裡。當孩子談到自己的不足的時候，父母不要不依不饒地訓斥孩子，應該平靜地聽孩子說，給孩子一個表達自己意見的機會，孩子敘述的過程其實也是一個很好的反

省的機會。如果孩子仍然沒有認識到自己的錯誤又該怎麼辦呢？

　　有一位母親向心理專家諮詢說，她拿她的孩子一點辦法都沒有。孩子經常偷家裡的錢流連網咖，她對孩子的懲罰辦法就是只要去網咖就不能吃飯。等她看到孩子餓得臉都變色了，就問他：「你覺得你老偷錢去網咖對嗎？」可是孩子回答她的就只有一個字——「對」。然後就什麼也不肯說了。母親沒有辦法，只好偷偷地落淚。心理專家告訴這位母親先不要著急，可以靜下心來跟他講道理，把事情一點一點地分析給他聽，並把她的想法也告訴孩子，孩子自然會認識到他的行為確實有問題，就會聽從父母的管教，也不會因為受到懲罰就怨恨父母了。

2、把你的愛告訴孩子

　　懲罰可謂是嚴教了，但嚴要和愛結合起來才會更有效。有的父母覺得跟自己的孩子說你愛他太肉麻了，說不出口，而且天下哪有不愛子女的父母？這還用說嗎？可是問題是有幾個孩子在接受懲罰時能明白父母是因為愛自己、為自己好才會糾正自己的錯誤，為了讓自己記住這個教訓才對自己進行懲罰的？等孩子長大了也許會明白父母的一片苦心，可是如果你不在懲罰之後告訴孩子你是因為愛他才懲罰他的，孩子就會對你的行為不諒解，甚至怨恨、疏遠了父母。一旦發生這種情況，再對孩子進行管教就變得更加困難了。

4 批評孩子的藝術

無原則的批評帶來的只是傷害和怨恨。

——美·諺語

在一般情況下，我們主張父母多多使用「自然懲罰法」來教育孩子，但是有時候還是要對孩子進行直接的批評的，比如說當你發現孩子在擁擠的街道上玩滑板時，你就不能坐視不管，直到有一天孩子被車撞傷後被送進醫院，你才對孩子說：「你看，在街道上玩滑板就是這麼危險！」適當的批評是無可厚非的，有時甚至是必要的，但是，批評不可泛濫化，否則反而會適得其反。

1、濫用批評的危害

對孩子進行批評的目的本來是為了讓孩子認識到自己的錯誤，理解和接受正確的建議，並在以後的行動中加以改正。這種做為對一次過失的分析和評價的批評應該是非常正確的。可是有的父母在對孩子進行批評時，往往會越批評越氣憤，在不知不覺中就從今天這件事說到了那件事，甚至把以前的老帳也一併算上。令人啼笑皆非的是，往往有這樣的家長，說著說著突然就停

了下來，怎麼了？原來是一下子忘了該說什麼了！只好自我解嘲地說道：「哼！看看你，把我都氣糊塗了！」我就曾經親耳聽到一個孩子對我訴苦說：「我媽一次指出了我那麼多不是，我一次只能改正一個錯誤，哪能一下子改掉這麼多毛病呀！」想想孩子說的話，覺得不無道理。父母數落的時候覺得消氣，可是他們想過孩子的感受嗎？

這種把「陳年老帳」重提的做法只會讓孩子對家長感到厭煩、討厭和憎惡，而且由於其他事情牽扯得太多，又沖淡了當前的主題，主要衝突就容易被弱化和忽視。這種既令孩子懷恨又偏離主題的批評可真是賠了夫人又折兵呀！

2、有針對性的批評才有效

批評要有針對性，就是指對當前的問題有什麼說什麼，就事論事就行了。為什麼說有針對性的批評才有效呢？

第一，這種批評針對的是孩子剛剛犯下的錯誤，比較即時。對於這種剛犯下的錯誤，孩子自己心裡也存有餘悸，父母在這時候即時進行批評教育，就能收到良好的效果。比如一位父親看到自己的孩子正在從母親的錢包裡拿錢，這位父親就可以馬上走過去制止孩子的行為，並告訴他以後不可以這麼做，否則的話就會受到懲罰。孩子在這種情況下自知理虧，自然會乖乖地聽父親的

話。

　　第二，有針對性的批評採取的是就事論事的方法，更容易讓孩子接受。只要父母讓孩子明白，在這件事上確實是他錯了，孩子就會接受父母的批評，並在以後的行動中加以改正。但倘若在上面講到的那個例子裡，那位父親並沒有見好就收，而是又把孩子以前的老帳都翻出來對孩子進行轟炸式的批評，孩子不但不會聽父親的話，還會開始討厭父親。

　　所以，在對孩子進行批評時千萬不能再狂轟濫炸了，應該理智地對孩子進行有針對性的批評。

5 嘮叨會使孩子變得煩躁

沉默並不是智慧的標誌，但嘮叨卻永遠算不上聰明。

——美・班傑明・富蘭克林

　　在家庭教育中有一種十分常見的現象：就是媽媽對孩子不斷地叮囑、不斷地提醒、不斷地督促。儘管媽媽苦口婆心，效果卻很不理想。有一項社會調查證明，中、小學生對母親不滿意的第一項事情就是：媽媽太嘮叨。父母們為什麼愛嘮叨呢？怎樣避免在教育孩子時太嘮叨呢？

1、愛嘮叨的原因

　　第一個原因就是父母的意志不堅定。比如說，規定孩子每天要做好功課再開飯，但有的父母雖這樣做了，可是心裡又怕孩子餓著，就總擔心地說：「你餓不餓？」、「快做作業，飯都涼了！」這些自相矛盾的話，既反映了父母感情的軟弱，又顯得嘮叨。為此，不要信口開河，要說到做到。

　　父母事事處處替孩子操心也是一個重要原因。事無巨細，反覆叮囑，這樣孩子覺得自己的行動受到了限制，就會覺得不耐

煩，而父母又不放心，結果家庭氣氛驟然緊張起來。父母為孩子操心本來是愛的表現，但是如果對孩子太過於保護，難免就會顯得嘮叨，反倒使孩子產生反感。

還有就是當孩子不聽話，不照父母要求做事時，感覺到自己的威信受到了輕視的父母便會反反覆覆地對孩子的某種行為做同樣的批評，使孩子覺得很討厭。時間長了就會產生「我偏要這樣做」的反抗心理和行為。

2、如何避免嘮叨

有一個很好的避免嘮叨的辦法就是給孩子更多的自由。不要處處限制孩子，對孩子的限制少了，嘮叨自然也會變少。有些父母會覺得孩子還那麼小，有那麼多的事情需要父母去操心，給孩子更多的自由就意味著父母管得少了，可是孩子需要幫助時怎麼辦？其實父母的這個擔心也是完全多餘的，我們在前面講到的不要對孩子進行過多的保護，不要過多的壓制孩子也是這個道理，給孩子更多的自由並不是說要完全撒手不管，而是「該出手時才出手」。

再有一個就是父母要叫孩子辦什麼事時，要盡量少用命令、督促的口氣，而是用親切的語言告訴孩子。這樣既是對孩子的信任，又會讓孩子樂於按父母的要求去做。

　　最後要奉勸那些愛嘮叨的父母們應向那些聰明的父母學習，批評不在話多，而在於實際的效果如何。不要簡單地重複批評孩子。這樣才會避免孩子厭煩或反抗的心理。

6 父母要有原則性

言必信，行必果。

——《論語》

　　這個題目的意思一方面說明父母以身作則，用自己的言行為孩子樹立一個好的榜樣，孩子才能信服父母；另一方面說明父母只有說到做到才能在孩子面前樹立起威信來，才能讓孩子尊重並信任父母，因而能自覺地服從父母的管教。

1、榜樣的力量

　　有位母親向一位教育專家抱怨說自己對孩子進行的管教幾乎起不了什麼作用，孩子明明向自己保證過以後不再到處亂丟東西了，可是現在孩子的房間依然很亂，許多東西莫名其妙地就丟了，每次上學之前都要花很長的時間來找作業本、文具盒這樣的東西。專家就問了這位母親一個問題：「妳說過以後他再亂丟東西就對他進行懲罰的話嗎？」這位母親回答說：「說過，我曾說過如果他再亂丟東西的話就不再給他零用錢。」專家就繼續問道：「那妳現在還給他零用錢嗎？」

母親不好意思地說：「怎麼能眞的不給呢？孩子每天都要乘車去上學，還要在學校裡吃午餐，身上沒有零用錢是不行的。」

大家看到了，這就是問題的所在，做母親的只是抱怨孩子沒有說到做到，使自己的管教顯得無效，卻沒有注意到她自己也沒有說到做到。孩子的行爲在很大程度上是會受到父母的影響的，因此，父母首先要給孩子樹立一個好的榜樣，否則就不能使孩子感到信服。

2、建立父母的威信

經常可以聽到父母們發出這樣的抱怨：「我的孩子越來越不聽話，有時還敢當眾頂撞我。」、「這孩子沒大沒小的，動不動就對我們發脾氣。」諸如此類的話的確反映了當前許多家庭在教養孩子過程中存在的問題。之所以出現這些問題，原因是多方面的，但父母在孩子面前缺乏威信是重要原因之一。

在家庭教育中，父母在孩子心目中擁有一定的威信是必不可少的。世界著名的教育藝術大師，前蘇聯的馬卡連柯曾經說過：「威信本身的意義在於它不要求任何的論證，在於它是一種不可懷疑的長者的尊嚴、他的力量和價值。」父母的威信是一種難以估量的潛在的管教力量，是父母對孩子有效地進行管教的條件。如果父母在孩子面前沒有威信，孩子對父母沒有適當的尊敬、信任

和聽從，那麼，就不可能產生有效的管教。

父母的威信是父母與孩子之間的一種積極的、肯定的關係。這種關係的基礎，是父母對孩子的尊重與孩子對父母的愛戴。父母想要有效地對孩子進行管教，就必須尊重孩子，因為只有這樣才能獲得孩子對自己的尊重。

第九章
爲孩子創造一個成材的環境

良好的家庭教育是造就天才的最佳方式。如果我們說每個孩子都可以成為天才的話，那麼孩子的成長環境就決定了他能否成為一個「健康的」天才。我們應該確立一個目標：不僅要把孩子培養成天才，還要把他們培養成在心理上、人格上都健全的天才。而影響孩子的心理、人格發展的最大的因素就是家庭環境，能不能讓孩子生活在一個不但有著良好的智力氛圍，還有著尊重、理解孩子的父母的家庭，就有賴於父母們的努力了。

1 家庭的智力環境

家庭的智力氣氛對於兒童的發展具有重大的意義。兒童的一般發展、記憶，在很大程度上取決於：家庭的智力興趣如何，成年人讀些什麼、想些什麼，以及他們給兒童的思想留下了哪些影響。

——蘇霍姆林斯基

一提到給孩子一個良好的成長環境，大部分父母想到的是如何在精神上和物質上滿足孩子，讓孩子可以無憂無慮地健康成長，很少有人會想到自己家的智力環境如何，是否有利於孩子發展智力、發揮潛能。在第三章中我們講到了如何開發孩子的智力問題，這和我們要講的家庭的智力環境有著很大的關係，在講家庭的智力環境對孩子的智力開發的影響之前，我們首先來看一下家庭的智力環境都包括些什麼內容。

1、家庭智力環境的概念

一個家庭的智力環境主要包括兩方面的內容：一方面是父母的智力情況如何。另一方面，也是更重要的一方面，是家庭的智力氛圍如何。所謂的智力氛圍，就是指父母有沒有為孩子的智力

發展創造一個良好的條件。例如有的父母在孩子很小的時候就在家裡的牆上貼上一些古詩或者兒歌等，用來訓練孩子的記憶力；而有的父母則經常陪孩子一起玩一些智力遊戲。這些都是在無形中創造了良好的家庭智力條件。

2、家庭智力環境對孩子開發智力的影響

父母的智力情況在一定程度上都會影響孩子的智力開發。比如說父母都有著不錯的智力，他們在日常的語言和行為上就能表現出很強的邏輯性，在做事的時候就會比較講究方式和方法，要比較出哪種方法可以更有效、更便捷地解決目前所遇到的問題，這些都會對孩子起到榜樣的作用。而且這些父母可以結合自身的經驗對孩子進行更加有效的智力開發。對那些智力比較一般的父母來說，孩子就只能從他們身上得到較少的影響，不過如果這些父母首先閱讀一些關於開發孩子智力的書籍，並能根據孩子的情況做出有效的指導，也會取得不錯的成果。

為了開發孩子的智力我們在前面講過父母要有意識地對孩子的注意力、觀察力、記憶力、想像力、思維能力和創造力進行訓練，而且提到要把智力的開發和學習知識結合起來，在學習中提高智力，這些都是不錯的方法。但是如果父母能在家庭生活中的細小環節上，能在和孩子一起玩遊戲的過程中，以潛移默化的方式來開發孩子的智力，相信也會收到不錯的效果的。比如孩子過

生日的時候，你送他的不是汽車，也不是泰迪熊，而是一幅漂亮的拼圖，你可以先讓孩子仔細觀察一下這幅拼圖，然後把它拆開來，再和孩子一起把它拼起來，拼圖的過程也就是訓練孩子的注意力、觀察力和記憶力的過程。這種利用家庭的智力氛圍來開發孩子智力的方法之所以能取得不錯的效果，主要是這種方式讓孩子覺得輕鬆而有趣，他不會覺得這是在學習，而是在「玩」，而且是和父母一起玩，這就既增進了父母和孩子之間的感情，又達到了教育的目的，可謂是一箭雙鵰。

2 言傳身教──與孩子一起成長

只要一起經歷過長大和成熟的過程，就足以使最膚淺的相識變為最親密的知己。

──洛根‧史密斯

　　父母和孩子組成了一個完整的家，在這個家裡，父母以自己的智慧和經驗對孩子進行著能力所及的教導，但同時，父母的一言一行孩子也會盡收眼底。試想，如果父母要求孩子去做什麼，而自己卻做不到，孩子會乖乖地聽父母的話嗎？我們想要培養出好孩子，就必須先成為好父母，想要培養出天才，就必須把自己定位為天才的父母，並用這個標準來嚴格要求自己。其實在教育孩子的過程中，父母自身也在不斷的進步和完善。

1、為了孩子而改掉一些不良習慣

　　談到培養孩子我們首先想到的就是關於父母應該如何對孩子進行教導，以及要如何培養孩子的各種能力，其實大家都忽略了一點，那就是在父母對孩子進行教導和提出要求的同時是怎麼做的，也就是說有沒有注意到父母的行為會對孩子產生什麼影響。

比如說我們要求孩子努力讀書，每天早晨讀一小時英語，每天晚上聽一段英文CD等。但是自己下班回來卻從未看過書，有時間就看看電視、打打麻將、聊聊天、喝喝酒什麼的。面對父母這樣的行為，孩子就會覺得自己是孤立的，在家裡只有他一個人被要求去學習，學習也就變成了一種負擔。所以說家庭的學習氛圍是很重要的，要讓孩子明白，父母要求孩子讀書，是因為父母懂得讀書的好處，而且父母也在努力地讀書。在這樣的環境下孩子才能心甘情願地而不是被迫地去讀書。

父母為了讓孩子能做得更好，就必須要自己先做得更好，孩子的成長過程同時也是父母逐步完善自己，陪孩子一起成長的過程。

2、為了孩子而不斷的學習

父母最感到欣慰的莫過於孩子的成長，可是同時父母也會悲哀地發現自己和孩子間的共同語言越來越少了，孩子喜歡的流行歌曲、電子遊戲等都被父母視為異類。通常我們反對孩子聽流行歌曲、玩電子遊戲，而自己卻對這些東西缺乏足夠的瞭解，這樣教育起孩子來反倒顯得武斷。其實父母如果試著去接近孩子，用心去聽一首孩子喜歡的歌，投入地去玩一次孩子愛玩的遊戲，說不定也會從中發現一些值得肯定的東西呢！而且我們在以後勸導

孩子不要在這些東西上面投注太多的精力時，也可以跟孩子談一下自己的體驗和感受，讓孩子感覺到你是站在他的立場上想問題的。對父母來說，這也是個接受新鮮事物，與時代溝通的機會。

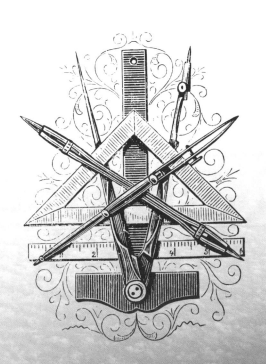

3 幫孩子處理好「人際關係」

在智慧提供給整個人生的一切幸福之中，以獲得友誼為最重要。

——古希臘‧伊壁鳩魯

　　家庭的人際關係主要指家庭內部成員之間的關係和家庭成員與外界的關係。父母雖然在生活上給予了孩子最大的滿足，在學習上給予了孩子足夠的鼓勵和教導，但是如果不注意家庭的人際關係對孩子造成的影響，就很有可能會在孩子的心理上留下陰影，因為孩子年齡小，在感情上尤為細膩和脆弱，也就更容易受到傷害。那麼應該怎樣處理家庭的人際關係，才能有利於將孩子培養成「健康天才」呢？

1、家庭內部的人際關係

　　家庭內部的人際關係通常比較簡單，處理起來也比較容易。現代社會大多是小家庭，所謂的家庭內部的人際關係主要是指夫妻之間和父母與孩子之間的關係。只要不過多地懲罰、責備孩子，以致使孩子產生怨恨父母的想法，父母和孩子之間的關係都會是非常融洽的，因為父母對他們的寶貝自然地會有舐犢之情，

而孩子因為幼小，對父母自然會十分依戀。所以家庭內部的人際關係問題大多出在夫妻之間。有的父母會覺得夫妻之間的關係並不會影響到孩子的成長。當一個女孩淚眼汪汪地求父母不要再吵了時，她的父親居然生氣地說：「小孩子家湊什麼熱鬧，這沒妳的事，看妳的書去！」你想想在這樣的家庭環境裡，孩子能安心讀書嗎？

2、家庭成員與外界的人際關係

我們首先把家庭成員與外界的人際關係也分為兩部分：一部分是父母的朋友、同事等等，另一部分就是孩子的同學、夥伴。對於父母的朋友和同事，孩子通常都會禮貌待客，因為父母從小就教育他們待人要有禮貌。而且孩子也不會限制父母不許和這類人或那類人交往。但是父母對待孩子的朋友可就是另外一回事了，他們會表面上對孩子的朋友很熱情，可是等人家剛離開就對自己的孩子說：「以後不要再和他玩了，這個孩子一點都不上進，超愛玩，小心把你帶壞了。」孩子對父母的這些話通常都會很反感，因為父母不尊重他們的朋友，而且也限制了他交友的自由，這時候孩子也通常會和父母爭執，產生不愉快等。

所以父母不要限制孩子不能跟某某人交往，而是要告訴孩子交友要慎重，要有選擇性地和別人進行交往，等孩子明白了這個道理之後自然也就能領會父母的一片苦心了。

4 單親家庭應該如何教育孩子

即使是在艱難的環境中也會有鮮花在開放。

——中·諺語

　　隨著現代社會離婚率的增長，生活在單親家庭的孩子也越來越多。據一次關於中輟生的調查報告顯示，他們當中有70％竟都是來自於單親家庭！所以單親家庭孩子的成長就成為一個極待解決的問題。

1、單親家庭容易給孩子造成的負面影響

　　由於長期生活在不完整的家庭中，孩子親眼目睹了父母之間的爭吵及敵對的情景，以致最後父母的離異。缺乏家庭應有的溫馨和關愛，極易使孩子出現消極的情緒和不良的情感反應，具體表現在情感脆弱、易激動、沒有安全感和幸福感等。嚴重者還可能會出現病態的人格特點，如對任何人都不信任，表現得敏感多疑。

　　父母的離異，使孩子在心靈深處感到有被父母拋棄的感覺，厭惡或憎恨父母，尤其是看到別的孩子在父母面前撒嬌時，他們更加感覺到心靈的痛楚。他們會害怕與人交往，表現為沉默寡

言，有的甚至會從仇恨父母發展到對社會的仇恨。

家庭的離異，造成孩子被迫與父母其中的一人生活，這對於孩子的性格培養會造成誤導。例如一個男孩在父母離異後與母親一起生活，那麼他接觸到的就大多是女性的角色行為，像溫柔、細心等，而缺少了陽剛之氣。這對將來他們走向社會後的適應能力等會帶來很大挑戰。

2、如何減少單親家庭對孩子造成的不利影響

首先要注意和孩子的交流。要讓孩子明白這只是父母之間的事，不要以為父母離異就是不要他了。而且要讓孩子懂得雖然父母已經不在一起生活了，但是他們對孩子的愛卻不會有絲毫的減弱，他們還會像以前一樣愛他。同時也要讓孩子把自己的感受說出來，和他一起分擔痛苦和不安，不要讓孩子憋在心裡。

其次，對孩子的教育要採取適當、健康的方式。有的父母過於關注孩子的這種生活在單親家庭裡的身分，反而容易對孩子進行要嘛嚴厲要嘛溺愛的極端教育方式。但是這樣會使孩子認為正是因為他的成長環境是不健全的，所以你才會用這些偏激的方式來對待他，反倒給孩子的心靈造成更沉重的負荷。所以應該把他當成一個普通的孩子來對待，給他適當、健康的教育。

單親家庭存在的一些不利條件是完全可以克服的，只要教育方法得當，孩子依然有足夠的機會成為天才。

5 家庭管教的原則——平等與民主

平等地對待孩子是調動孩子主動性的最佳方法。

——法·盧梭

　　我們先來看一下什麼樣的管教才可以算得上平等與民主。第一、父母要尊重和理解孩子，並能以平等的身分和孩子交流。第二、父母為孩子的發展提供了最大的自由，孩子可以按照自己的愛好和興趣發展。當然父母也為孩子的成長提出合理的建議，理性地指導孩子成長。當我們提出這樣的管教原則之後，有的父母會提出這樣的疑問：「我們又要尊重孩子，又要給他們最大的自由，那麼父母的威信何在？」下面我們就來看一下平等與民主地教育孩子是否和父母的威信相衝突。

1、「民主型」管教與「命令型」威信

　　對於什麼是民主型管教我們在上面已經做出了說明，但是民主型管教與父母的威信之間到底是一種什麼樣的關係呢？這還要視我們怎麼來看待父母的威信。我們應該把威信定義為是父母與孩子之間的一種積極的、肯定的關係。這種關係的基礎，是父母

對孩子的尊重與孩子對父母的愛戴。可是有人認為父母的威信就應該是孩子要絕對服從父母，父母要對孩子起支配作用。我們把這種威信稱作「命令型」威信。以這樣的理解為前提的話，一邊是要尊重、理解孩子，給孩子最大的自由，另一邊是讓孩子言聽計從、服服貼貼，民主型管教與父母的威信之間必然會產生矛盾。我們培養出來的孩子就只知道順從、墨守成規，而不會有什麼創新，當然也不可能成為我們所希望的天才，或者就會走向另一個反面，會變得叛逆、任性、難以管教。總之，這兩種情況都不是我們所希望的，我們的目標永遠是培養出「健康」的天才。

2、「民主型」管教與「尊重型」威信

如果把父母的威信理解為使孩子更加信任你、尊重你，更願意與你交流、溝通的話，就會出現另外一種完全不同的情況了，我們把這種對威信的理解稱作「尊重型」威信。父母會在教導的過程中理解、信任孩子，盡可能地尊重孩子自己的選擇和嘗試，並給予適當的指導和幫助，不會因為怕孩子犯錯而強制孩子按大人的意願行事。另外，父母也不會太在乎自己的「權威」和「面子」。因為每個人都有可能做錯事，孩子不對時應該接受批評教育，父母做錯時也要真誠地向孩子道歉，這樣民主、平等地對待孩子，自然會使孩子對父母產生一種尊重和信賴感，進而與父母建立一種互動的親密關係。這樣，孩子就會在被尊重和理解的家

庭環境中茁壯成長。

其實，培養天才的孩子並不難，眞正難的是父母能否放下自己的身段，能夠和孩子站在一個平等的位置上，並主動和孩子進行溝通、交流，正確的引導、教育孩子。

不要以爲孩子長大了自然就會懂事，也不要以爲孩子走進了學校就看他自己的造化了，因爲孩子未來要走什麼樣的路，取決於父母的啓蒙教育。

國家圖書館出版品預行編目資料

用對的方法培育優秀孩子／陳光總主編
－－第一版－－台北市：宇河文化 出版；
紅螞蟻圖書發行，2010.4
面　　　公分－－(父母大學；5)
ISBN 978-957-659-769-5 (平裝)

1.親職教育　2.資優兒童教育　3.子女教育

428.82　　　　　　　　　　99004989

父母大學 5

用對的方法培育優秀孩子

總 主 編／陳　光
美術構成／Chris' Office
校　　　對／鍾佳穎、周英嬌、楊安妮
發 行 人／賴秀珍
榮譽總監／張錦基
總 編 輯／何南輝
出　　　版／宇河文化出版有限公司
發　　　行／紅螞蟻圖書有限公司
地　　　址／台北市內湖區舊宗路二段121巷28號4F
網　　　站／www.e-redant.com
郵撥帳號／1604621-1　紅螞蟻圖書有限公司
電　　　話／(02)2795-3656 (代表號)
傳　　　眞／(02)2795-4100
登 記 證／局版北市業字第1446號
港澳總經銷／和平圖書有限公司
地　　　址／香港柴灣嘉業街12號百樂門大廈17F
電　　　話／(852)2804-6687
法律顧問／許晏賓律師
印 刷 廠／鴻運彩色印刷有限公司
出版日期／2010年 4 月　第一版第一刷

定價 230 元　港幣 77 元

ISBN 978-957-659-769-5　　　　　　Printed in Taiwan